イカロス 消防📖テキストシリーズ

検知の教科書

著／浜田昌彦、岩熊真司

はじめに
―なぜ「検知の教科書」が必要なのか―

何のための検知？

消防も検知器を保有している組織が多くなった。国民保護訓練では、警察が現場で検知して、「サリンを検知」などと報告する場面が見られる。ただ、それはパターン化していて、化学剤の特定がその後のオペレーションにどう効いてくるか明確な意図が感じられない。

陸上自衛隊では冷戦期から、ひたすら汚染地域の前縁、後縁を見つけるための検知訓練を繰り返してきた。しかし、現在では師団の後方地域全体を汚染するほどの化学兵器を持つ国はどこにも存在しない。時代は変わっているのである。

化学テロの場面では、汚染地域ができているケースも稀かもしれない。その時に、消防や警察は何を明らかにするために検知するのか？

危険を直ちに知らせるためか？　警報を出すための検知（Detect to Warn）は多くのケースで必要かもしれない。しかし、シリアやウクライナの事例を見ていると、検証のための検知（Detect to Verify）の比重が増してきているように見える。一方で、陸上自衛隊は今でも、除染のための検知（Detect to decontamination）をメインに考え、そのための訓練を繰り返しているようにも見える。

検知原理や誤報の問題、検知の信頼性やメンテナンス、さらには検知器を導入する際にどんなことを考えておくべきかなど、消防などでは基本的な事項が知られていないようにも感じられる。さらに、世界の検知器材の

すう勢や動向など、日本にいてはなかなか見えてこない情報も多い。それを、どこかでだれかがインプットしておく必要はあるだろう。

自身の経験から

　こうして検知の教科書を書くことになって、改めて20年前のことを思い出す。2002年はオランダの防衛駐在官を終わり、日本に帰国した年だった。それからいくつかのポストを経て、いくつかの試練を経て、朝霞の陸自研究本部の研究員として勤務していた時に、広報センターの一室でお会いしたのがYさんだった。そこでポータブルな化学剤検知器LCDを紹介された。そこから、我が国の化学剤検知の新たな展開が始まっていたのかもしれない。自分としては、その検知器を陸上自衛隊に売り込んでいこうという意識はまったくなかった。ただ、部隊には世界レベルのこんな検知器が必要であるという思いはあった。

　新聞には、「当時の化学室長は更迭された」と書かれてしまった。それは必ずしも真実ではないが、バイオの検知器材の導入をめぐって当時の事務次官が逮捕されるという事件に巻き込まれたのは事実である。私自身も、日比谷公園のすぐ脇にある東京地検特捜部に呼ばれた。もしあの時に、検知に関する深い理解があれば、特にバイオ検知について知見と経験があれば、周囲をもっと納得されられたと思う。

　そんな失敗と挫折が、この「検知の教科書」を書かせることになった。なるべく、専門的な知識のない読者にもわかるような平易な説明をしたい

と思う。読者と共に、この国の「検知」を変えて行きたいと思う。

RBRとCOPの基礎として

　米国ニューヨーク消防の防護レベルの決定や各種のCBRN関連のオペレーションにおいては、そのリスクに応じた対応が基本となっている。このRisk Based Response：RBRの考え方は、広く米国のみならず世界のファーストレスポンダーや軍事組織の中で、その底流に流れている概念である。そして、このRBRを成り立たせるためには、しっかりした検知能力が不可欠である。さらにいえば、継続的に状況を把握する能力、すなわちモニタリングの能力が不可欠である。なお、ニューヨーク消防がレベルＡも2種類、外装型と内装型を装備し、レベルＢからレベルＣまでバランスよく防護レベルを装備化するようになったのも、その背景にはこのRBRの概念がある。

　我が国では、総務省消防庁のNBCマニュアル改訂のための検討会での審議が進められている。筆者も、そのメンバーとして名を連ねている。ある委員からは、地下鉄サリン事件以降、消防隊員の安全に軸足を置きすぎて、患者の救命の比重がやや軽くなっているとの声があるとの指摘があった。これも、その事態における「リスクに応じた対応」に立ち戻れば、おのずから回答は見いだせるであろう。

　もう一つのCOP、Common Operational Picture、すなわち「認識の共有」に関しては、地下鉄サリン事件や福島原発事故において、筆者が最も欠けていたと感じたところである。「同じ絵を見ながら全員が動くこと」、

それができれば、どんな錯綜したCBRN事態においても、整斉と対応が可能であろう。ただ、これを現場で実現させるためには、そこまでの道程は簡単ではない。そのための技術と装備・器材、運用要領（ドクトリン）、そしてそれらを戦力化するための訓練と人材が不可欠である。その出発点となるのも、しっかりした検知能力であることは言うまでもない。

共著としての「検知の教科書」

　前回の「除染の教科書」と異なり、今回はかなりの部分を共著者の先生方に書いて頂いている。化学、生物、放射能の検知に関する具体的な検知原理や器材、要領等に関しては、筆者と同じ陸自化学科出身の岩熊真司先生と量子科学技術研究開発機構 放射線医学研究所の富永隆子先生にお願いした。また、「検証のための検知」、Chain of Custodyの部分に関しては、元陸自中央特殊武器防護隊長の松原泰孝1佐にお願いしたところである。これらは、現在我が国で最も知見があり適任であろうという考え方による。

　その他に、写真や検知訓練の内容に関しては、千葉市消防局の金坂氏、広島市消防局の川本氏、野田市消防本部の竹澤氏をはじめ、多くの消防関係者にご協力を頂いた。株式会社エス・ティ・ジャパンの山本荘一郎氏には、検知器の技術的・専門的な助言を多く頂いたところである。こうした関係者の知見の結集の成果として、この「検知の教科書」がある。さらに、ラマンやエアロゾル検知等、この分野の最新動向については、Cristina Baxer博士の貢献が大きい。すべての関係者に感謝申し上げる。

浜田昌彦

CONTENTS

第 1 章

検知とは何か

01「検知」という言葉

検知という言葉

そもそも、「検知」という言葉は化学剤や生物剤だけに限られる用語ではない。また、よく似た言葉に「検出」がある。辞書によれば、「検知」とは、**物質・成分・異常・故障などの有無を知ることとある。**一方で、「検出」とは、物質・成分・異常・故障などを調べて見つけ出すこととある。ここで、有無を知ることが元々の検知のニュアンスであることは、CBRN分野でも大切なポイントである。また、検知活動の訓練では、この「検出」まで含めて検知と言ってしまっていることも多い。

では「同定」とは何か。辞書によれば、同一であることを見きわめること、あるいは、自然科学で分類上の所属を決定すること、とある。生物剤の場合には、生物の分類上の所属や種名を決定することが同定である。一方で、化学剤の場合には、単離した化学物質が何であるかを決定することというのが妥当であろう。現場にある不審物が混合物であるのは、地下鉄サリン事件の際のオウムのサリンを思い出すまでもない。

「概定」を辞書で引いてみると、"だいたいの見当で決めること" "大ざっぱに定めること"という説明が出てくる。英語においては"Presumptive"、すなわち"仮定の"、または"推定の"といった意味合いになる。これに対して、確度の高い同定は"Confirmatory Identification"ということになる。消防のようなファーストレスポンダーにとって重要なことは、細かい定義ではなく、この両者に違いがあることを理解しておくことである。さらに、化学剤などの危険性のあるものではないという概定も、後のオペレーションに決定的な影響を与える。

SIBCRA

このように、まず「検知」という言葉がある。さらに「同定」があり、「概定」がありモニタリングやサンプリングがある。トレース検知やバルク検知という言葉もある。それぞれに、使われる場面も違うし、業界によって解釈が微妙に違っていたりする。

欧米の専門家の間では普通に使われている「SIBCRA」という用語も日本ではまず聞かれることはない。これは、生物、化学、放射能におけるサンプリングと同定のことである。(Sampling and Identification of Biological, Chemical, and Radiological Agents：SIBCRA)

このように、検知という言葉を理解するためには、明らかにする情報の要素を踏まえて、それに関連する用語と活動要領まで視野に入れておかなければならない。

ここまで主に化学剤をイメージして語ってきたが、放射線の検知（以下、「R検知」という）の分野も消防等の範疇に入ってくる。

NATOのSIBCRAチーム（CBRNe Worldより）

　近年では、R検知の分野での技術向上は目覚ましいものがある。核種分析までできる小型携行器材は珍しくない。それが定量分析のできる器材か？　定性分析の器材か？　といったレベルまで分析できる。さらに、一言で「概定」、すなわち「当たりをつける」というニュアンスの言葉であっても、そこには「何か化学剤っぽいものがある」というレベルから、「構造式までは確定できないが、神経剤があること

は間違いない」というところまで幅がある。AP2Cで硫黄マスタードを検知したとしても、それが状況的にスーパーの野菜売り場でニンニクを踏み潰した結果なのかもしれない。検知紙で赤が出たといっても、それで即マスタード検知と報告すれば指揮官の判断を誤らせるかもしれない。除染剤での変色を誤解した地下鉄サリン事件での失敗談である。「概定」とはそういうものである。

02 検知原理にはどんなものがあるのか？
―IMS、フレームスペクトロメトリ―

検知原理の最もポピュラーなものは、イオンモビリティー（イオン泳動）である。イオンモビリティスペクトロメトリー（IMS）とは、混合物中の化合物を、その嵩高さ（衝突断面積）によって分離する手法である。試料はイオン源等によって気体状のイオンとなり、パルス状にIMSセルに導入される。

実際に地下鉄サリン事件の現場では除染剤水酸化ナトリウムによる赤色の変色をマスタードと誤認してしまった

長年にわたって使用されてきたこの技術は、化学剤検知だけでなく、空港での爆発物や麻薬、食品の汚染物質、環境の汚染物質を検出するために広く使用されている。さらに近年では、質量分析との融合（IMS-MS）により、はるかに強力な分析ツールとなり、複雑な混合物分析が強化されている。

フレームスペクトロメトリー（flame spectroscopy：炎光分光分析）もまた、広く使われている検知原理である。この炎光分光分析は分光分析の一つであり、試料をバーナーの炎で熱し、試料中に含まれる原子、分子、イオンなどが高熱により励起されて発する炎光スペクトルを利用して化学分析を行うものである。我が国では、陸上自衛隊の化学剤検知器AP2Cやその後継であるAP4Cで使用されている。

科学者は何世紀にもわたってこの原理を分析に用いてきた。この原理は、ある元素や化合物が励起状態では特有のエネルギーレベル（波長の光）を発することに依拠している。

それぞれの元素の反応は、あたかも指紋のように特有のものであるが、これで物質を正確に同定できるのである。

この原理の利点は、その特有のものを同定するだけでなく、発生するエネルギーの量から定量分析ができるところにある。これが、のちに述べる「濃度勾配」の問題とも関わってくる。操作者にその量的レベル、あるいは濃度レベルを表示し、またリアルタイムで存在物質の情報を告げる。これは、消防のようなファーストレスポンダーには脅威を判定し、防護の段階を考慮し、安全境界を設け、さらに除染まで考える上での尺度となりうる。少なくとも、メーカー（仏、プロアンジャン）の資料には、このように書かれている。

03 現場で何が知りたいのか
─待ちすぎは、失敗と同じ─

先日、ドイツのあるメーカーのC検知器の紹介を受けた。これがなかなかの優れ物である。IMSとPIDを組み合わせて、化学剤の有無、種類（化合物名）だけでなく、濃度（ppm、ppb）まで表示してくれる。なお、FIDとPID（Photoionization detector）の違いに関しては、第8章のQ&Aで解説したいと思う。それを見ながら、結局、現場で消防や警察、陸自化学科隊員等が、あるいはその他のファーストレスポンダーが知りたいのは、本当は何なのだろうと考えた。最小限、何がわかれば状況判断ができるのかについて、これまでわかっているようでよくわかっていない気がしていたからである。

もちろん、技術が進めば検知器の性能も信頼性も上がるだろう。また複数の、原理の異なる検知器を組み合わせることや、GC/MSを併用すれば、確実性はさらに上がる。しかし、その前に、我々のニーズの根本はどこにあるのか明らかにしておきたい。

ファーストレスポンダーへのアンケート

同じような問題認識を持った英国の研究者が、多くのシニアレベルのファーストレスポンダーやCBRN専門家に対して、ユニークなアンケート調査を行っている。そのポイントは2つある。第1は、CBRN事態への対応の中で、「最初にカギとなる意志決定（判断）は何なのか」ということである。第2は、「検知器からどんな情報をとりたいのか、そして、それはどの程度の信頼度（確度）があればよいのか」ということである。

迅速に、しかし正確に

混乱した状況不明の現場において、警察も消防も迅速な判断を求められる。しかし、状況は不明なところが多々残っている。したがって、何をどうやっていいのか迷う場面も出てくるかもしれない。地下鉄サリン事件を振り返っても、これが実態であろう。そして、化学剤が明確に同定（それがどんな化合物か）できないことが、しばしば決心の遅れやためらいを生んでしまうこともある。

ある英国の専門家は、インタビューの中で「より正確な多くの情報を待ちすぎることにより、事態への対応が遅れた例を何回も見てきた」と言っている。これはCBRN事態のみならず多くの事件現場で起こりうることであろう。

それでは、確実性はどの程度求められるのだろうか。化学剤の識別、同定までのスピードが、その後の避難やその地域の立入禁止措置、一般市民への警報、あるいは「情報をあえて止める」といった判断に大きな影響を与えるのは確かである。一方で、地下鉄サリン事件の時のアセトニトリルを検知してしまったような例（これによりサリンの特定が遅れた）にあるように、誤った情報を流しては元も子もなくなる。では一体、その時の情報の

確実度というのは、どの程度あればよいのだろうか。例えば、それは90％なのか70％なのか、あるいは30％なら思い切ってGOをかけるのか。これを実際に多くの専門家に聞いてみたのが前述のアンケートである。その結果はかなり意外なものであった。

　まず、100％の確実性が必要という回答はゼロであった。**誰も100％の確度は求めていない。**およそ50％前後のところがほとんどである。もちろん、これは多分に心理的、気分的な尺度であって、とても統計的な数字とは言い難い。しかし、特に神経剤が疑われるシナリオにおいては、全体の9割のファーストレスポンダーが、50％前後の確度があればすぐに避難や立入禁止等の措置をすると答えている。少なくとも、ここで意志決定プロセスが動き出すと見ていいだろう。ちなみに50％前後の確度のときに、もう一度検知をやり直してみるという回答は、ほとんどないというのも面白い。なお、20％の確度ではほとんどが**検知をもう一度やる**と答えている。

04 剤の有無とどんな作用を及ぼすかを知る検知器は支援ツール

では、検知器で何を知りたいのだろうか。これも結構意外な結果である。全員が、「化学剤の存在の有無とタイプ（神経剤、びらん剤…）」と答えている。それに加えて、濃度ももしわかれば望ましいとしている。ところが、「剤の同定（化学式、構造式まで）」と答えたものは少ない。30％程度が参考までに同定結果がほしいと答えている。確かに、現場でそれがVXであろうがVsubXであろうが、VM、VEであろうが対応は変わらないだろう。また、硫黄マスタードでも窒素マスタードでも、それほど変わらないかもしれない。「それで、後の治療や避難、大量市民の除染といったプロセスが、決定的に変わってくるということはない」ということだろう。これをイメージ化したのが下の図である。

1953年に英国で出版された英国軍のマニュアル「戦用ガスの検知」には、「それが何であるかを問うな、それが何をなすか（どんな作用をするか）を問え」と書いてある。その化学剤が、どんな化学式でどんな組成かということよりも、人体にどんな影響があるから、対応はこうしなくてはならないということの方が現場では大事ということだろう。原文でいえば

"Don't ask what it is, Ask what it does."

今でもこの言葉は胸に響く。また検知器は現場でウソをつくかもしれないが負傷者の症状はウソをつくことはない。従って、負傷者の症状をよく見て判断することの重要性は、地下鉄サリン事件の経験からも明らかであろう。さらに言えば、このインタビューが実施された際のミーティングにおいて、ある専門家が検知器に関してコメントした言葉がある。**「検知器は意志決定（状況判断）を助けるものである。決してそれが（判断を）決定づけるものではない」。**

すなわち、検知器はあくまで支援ツールであって、それがそのまま意志決定を左右することにはならないということだろう。

The equipment is there to assist our decision making, not dictate it.

存在とタイプ ‥‥‥→ **濃度** ‥‥‥‥‥‥‥‥→ **同定**
時間 ─────→

そんなことは当たり前のように思えるが、しかし現場ではこれがしばしば忘れられてしまう。地下鉄サリン事件の際に、当初はアセトニトリルではないかという情報が広まった。また、検知紙が赤になってマスタードも使われたのではないかというニュースまで流れた。しかし、午前中の映像で負傷者の状況を見ていた陸自化学科隊員の多くが（私も含めて）、松本サリン事件のこともあって、これはサリンでやられたなという印象を早い時期から持っていたと思う。

確度について

　ところで、確実性、確度ということについてもう一度考えてみたい。よく天気予報で降水確率が出てくる。「降水確率がどのくらいならば傘を持つか」という問いに対しては、当社内では50％程度という答えが多かった。しかし、これに「今日は雷雨、土砂降りの可能性があります」とか「台風が接近中」といった付加情報があれば、もう少し低いパーセンテージから傘を持ち、レインコートや長靴まで準備するかもしれない。

　一方、検知器では、「神経剤の確率が何％です」といった表示が出るわけではない。しかし我々は、例えばAP2Cがリンやイオウを含む物に反応することを知っている。リン酸塩や、時にはニンニクペーストにも鳴ることがあるのは経験知でわかるので、それなりに用

心する。そして、全般の状況も考慮して意志決定をすることになる。この中にはサリン、あるいは炭疽菌と判定して、空港や地下鉄をクローズした時に、どのくらいの経済的損失が出るかという計算も入ってくるかもしれない。

　実際に、成田空港のようなハブ空港を1日クローズした時の損失は数十億円ではすまないだろう。米国では、バイオテロの疑いがある時に、大規模空港のクローズを誰が判断するかということが議論になったと聞いている。いずれにせよ、色々なシナリオの中で、消防のようなファーストレスポンダーや陸自化学科隊員が次の行動に移る（施設閉鎖、避難、除染準備、簡易マスク、防護衣配布等）ときの確実度というものは、検知器だけでなく様々な要素で総合的に決まってくるところがあるだろう。

　では「現場において、最初の最もカギとなる判断は何か」という、最初に提起した問いに対して、専門家やファーストレスポンダー達は何と答えたのだろうか。最近の国民保護訓練等では、大体、全体のストーリーが見えていることが多いので、こういったパターン化した訓練に慣れている者にとっては、少し意外かもしれない。その答えは、全員一致で

「化学剤等の存在とタイプの確定」

であった。ここから全てがスタートするし、

他のことは後でもよいということだろう。

　検知器から得たい情報として、まず、「それが本当にあるのかないのか」、そして、「あるとすれば、それはどんなタイプのものなのか（化合物名はいらない）」というのは現場の感覚として非常によくわかる気がする。また、できれば濃度も知りたいというのも感覚的に納得できるところだろう。これらのニーズを満足させる検知器の設計という視点も必要であろう。また、地下鉄サリン事件を見るまでもなく、現場ではスピードが重視される。したがって、使われた化学剤の化学式や組成といったものは、後の検証の段階では重要になるかもしれないが、それが判明するのを待つといったことは事態を悪化させる要因ともなる。

　改めて地下鉄サリン事件を振り返れば、1995年3月20日8時頃にサリンが車内で拡散しはじめてから、11時に警察がサリンであると発表するまでに、実に3時間を要している。119番通報は8時9分から13分にかけて入っており、ここで速やかにサリンと判定できていればと考えると、後知恵ではあるが、3時間のタイムラグが悔やまれる。

　もちろんそこには、8時10分頃に「ガス爆発らしい」という誤報が入るという不幸もあった。それでも、前年の94年6月末には、あの松本サリン事件があったことを踏まえると、残念と言わざるを得ない。なお、地下鉄サリン事件の除染準備も、当初の段階ではそれが

サリンなのか、他の有毒化学剤か明確でなかったため、サラシ粉と水酸化ナトリウムの両方を準備したが、午後になって確定の後は除染反応が格段に早い水酸化ナトリウム一本に切り替えた。

　なお、もし当時の段階で冒頭で紹介したような、原因物質の濃度から化合物同定まで一気にやってしまうようなC検知器が、末端の消防、自衛隊まで配備されていれば、対応はもっとシンプルなものだったかも知れない。

当りをつけること

　ここまでの話を、検知感度と識別能力という観点で考えてみよう。「当りをつける」にはIMSと光イオン化検出器の組合せならばPPBからPPMオーダーまではいけるのでホットゾーンの中のおおよその濃度（人体に影響する濃度から半数致死量）までわかるかもしれない。

　当りをつけたあとも誤検知の確認は必要である。ここでフォールスポジティブ（偽陽性）は必ずあると考えておいた方が良い。物質の識別・特定を行う際にはIMSなどの1種類の結果のみで判断するのではなく、複数の機材の結果を踏まえて判断を行うことは非常に重要である。

　次ページの図の右側の装置に移行し識別能力の高い赤外分光法（FT-IR）やガスクロマトグラフ質量分析法（GC-MS）を用いて確

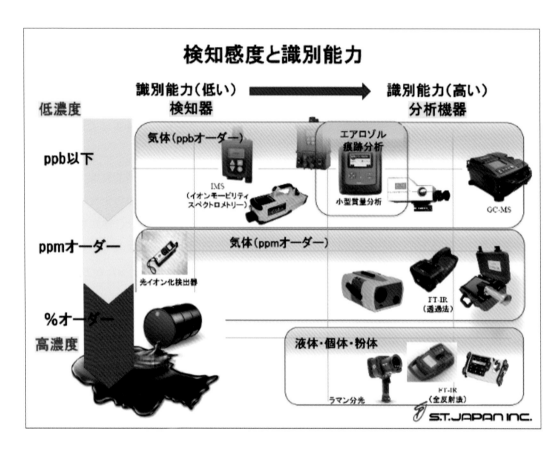

検知感度と識別能力

度の高い特定を試みる必要があると思う。一方で、ラマン分光の検知器は容器内の内容物などで識別できる優れものであるが、水は識別できないといった弱点があるので、各々のメリット・デメリットをしっかりと把握して運用を行う必要がある。

ノビチョクの検知について

　ここで、新たな脅威としてでてきたノビチョクの検知について考えてみよう。ノビチョクは極めて毒性が高く、しかもほとんど蒸発してこないので、検知の困難性という問題が出てくる。これまでの被害者6名のケースをみれば、いずれも病院で治療中にノビチョクと判明した。スクリパリ親子も、ニック・ベイリー刑事も、ゴミ拾いのカップルであるスタージェスさんとローリー氏もそうであった。ナバリヌイ氏のケースでは、ロシアの病院はノビチョクによるものであることをひたすら隠そうとしていたように見える。その後、ドイツの病院に移送されたことで生体サンプル中の分解物からノビチョクが出てきた。

　このように、まず病院で発覚して、その後に残された汚染からトレース検知で確認され

「ノビチョクとは何か?」

　ノビチョクは、AシリーズとかFGAs（Fourth Generation Agents：第4世代の化学兵器）とか呼ばれることもある。もともとソ連時代の1971年に開発され、1990年からはソビエト陸軍によって制式化されて、砲弾等にも使われるようになった。VXなどと最も関係が深い。なお、米国政府のサイトには、このノビチョクに関する関連資料がよく整理されている。

　実は、スクリパリ氏の暗殺未遂事件までは、各国政府の機関や関係者の間でノビチョク関連の情報が自由に語られることは皆無であった。それは日本国内でも同様である。国内で、ノビチョクについて多少の知見を持つ者は、防衛省・自衛隊を中心に極々少数だった。筆者は英国の事件が起こる2年前に、警察関連のとある学会において少人数のメンバーに対してノビチョクについて話したことがあった。しかし、それは例外中の例外である。

　英国の事件が起こってから、最初のノビチョクの通報や兆候は医療関係部門からもたらされることが分かってきた。最初の兆候というのは、例えば救急隊員にとっては合成麻薬の症状と似ていたり、有機リン系の農薬へのばく露と似ていたりするのである。

（関連解説：第2章44ページ）

るパターンがすべてである。最初のソールズベリーの事件では、スクリパリ親子の自宅の玄関ドアから検知され、その自宅はほぼ解体に近い形で除染が実施された。ナバリヌイ氏のケースでは、同氏が回復した後、自身がロシア連邦保安庁に「おとり電話」をかけて、パンツに塗られていたノビチョクが陰嚢に付着したことが明らかになった。

　ある専門家によれば、ノビチョクの検知においては、「トレース検知」、「エアロゾル検知」、「液体検知」の3つに区分できる。このような用語も重要である。それをイメージで示せば

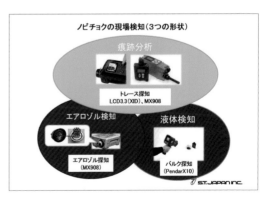

右の図のようになる。

　それぞれに、使われる器材も違ってくることがわかる。バルク（液体）検知の場合には、ラマンのペンダーX10が有利である。

05 検知と同定

　検知と同定では、それぞれに適する検知器材が違ってくる。検知と同定のための器材を分類すれば、CBRNEについて下図のようになる。上に行くほど、検知の要素が強い。そして、下に行けば精密な同定の要素が大きくなる。化学剤の場合には、LCD3.3で検知してMX908やHazMatID等で同定するという形が一般的であろう。

　ここで、その専門家のノビチョクの検知・同定についての見解を紹介しておこう。2023年の日本分析学会で科学警察研究所の発表があり、ナバリヌイ氏に使われたノビチョク系の分解物の特定について大変驚いたことがあった。体内に取り込まれたノビチョク系化合物は加水分解され形を変えていくつかの分解物が尿から出てくる。その分解物から特定するという発表であった。もちろんノビチョク自体の分解物も特定可能である。これはすごいことではないか！　英国政府の某研究機関から共同研究の依頼もあったようである。

　なぜ、このような話を持ち出したのかというと、検知器にどれだけ実力があっても、現

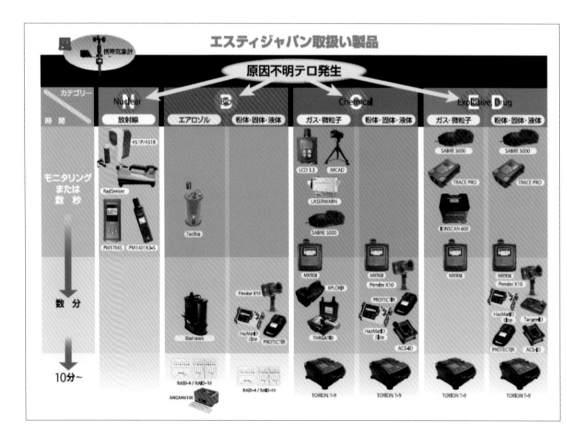

実にはノビチョクを探しだすのが難しいと思うからである。空港や税関など水際ではまず検知はできない。持ち込みを阻止することができないだけに、傷病者の症状から推定し尿からの特定が可能であることを知っておいてもらいたい。ノビチョクがからむ事態を実際に想像してみると、被害者が3名以下ではその蓋然性は考えにくいであろうし、検知器には反応しない可能性が高い。そこで最終的には**傷病者の症状から判断するしかない**。最終手段として特定するには、尿を科警研へ渡すという考え方もありうる。いったん、それが特定されれば、至るところに付着している可能性があり、**トレース探知で確認できる**。

答えられない質問─危険かそうでないか─

　検知に関して、消防等からよくある質問というのは、検知器の選定に当たって、「危険かそうでないか」を判定できるものがほしいというものである。ただ、危険かそうでないかは、その濃度によっても変わってくるし、簡単な話ではない。その他にも、消防からは様々な質問がある。関西のとある消防からの質問も驚くべきものだった。以下の話から何が危ないかはいろいろあることがわかる。

　それはODTで劇物含む37本18.5リットルが紛失した事件で、「化学兵器や爆発物を製造することが可能か」という問い合わせを受けたものである。

　とりあえず、「盗んだもので化学兵器を作ることはできず、爆発物であればアセトン以外に過酸化水素水と塩酸（サンポールなど）を入手すれば紛失した量（500g）程度であればTATP（過酸化アセトン）を作ることができる」と回答した。この質問をそもそもなぜ警察に聞かないのかと聞いたところ「それは教えられない」という話だった。

　確かに、ここ数年で検知に関する消防の認識も変わってきたと思う。警察の検知分野とのオーバーラップも見られるようになった。ただ、消防の場合には、何か事案がないと検知器材を導入できないというジレンマがあるようである。自治体、市町村の議会に対して、その必要性を説得できないのである。そんな背景からか、白金高輪駅での硫酸事案の際には驚くほど多くの質問を消防からも受けた。また、東武アーバンパークラインでの異臭騒ぎに対応したN市消防本部ではその後、検知器の導入が認められたという。

検知器の歴史を振り返る—世界と日本—

　ここでは、とりあえず化学剤検知について歴史を振り返ってみよう。靖国神社遊就館には、硫黄島の展示の隅に当時の化学剤検知器の現物がある。今日のガス検知管のようなものである。硫黄島を取り巻いていたニミッツ提督の米海軍艦隊の船腹はマスタード砲弾でいっぱいであったから、栗林忠道中将以下の帝国陸海軍はその警戒と準備をしていたと考えられる。

　陸上自衛隊もガス検知器を使用していたが、およそ35年前からIMS原理の化学剤検知器を開発し、装備化した。CR警報器と呼ばれるものである。イオン化は放射線源を利用していた。しかし、これは誤報が多く、信頼性に欠けた。地下鉄サリン事件でも、現場で使われることはなかった。その後、フ

写真／筆者撮影

レームフォトメトリーの原理によるAP2Cが導入され、今日に至っている。最近ではLCD3.3が制式化され、逐次部隊に入りつつある。消防も、検知管の時代からケミプロ100の時代へ、そしてLCD3.3と変遷がみられる。

　世界に目を向ければ、20世紀の1980年代に普及していたのは、やはりIMSの器材であった。その代表的なのもが、英国グラズビー社のCAMである。その他に、米国陸軍のM8A1やフランスのMODEACも同様にIMS原理のものであった。湾岸戦争では、サダム・フセインの神経剤の脅威を考慮し、戦場でこれらの化学剤検知器が使われた。しかし、誤報が多く、兵士を悩ませることとなった。初のスタンドオフセンサーである米国陸軍のXM21が使われたのもこのころである。

06 状況認識ソフトの重要性
日本版COBRA、JWARNを求めて

いくら検知データを集めて集積したとしても、それを状況判断にまで繋げられなければ効果は薄い。そのために、状況認識ソフトが必要になってくる。

これまでリオ・デ・ジャネイロオリンピックやその前のサッカーワールドカップ等において、いつもCOBRAのような状況認識ソフトが使われてきた。軍用で言えば、米国陸軍のJWARNがその代表的なものである。また、海兵隊はCOBRAを採用していることが知られている。残念ながら、日本においてこのようなソフトが本格的に使われたことはない。一方で、個々の検知器、センサーのデータを融合して、一つの画面上でみたいという要求は強い。ブラジルにおいてさえ、リオ・デ・ジャネイロにローマ法王が来訪した頃から、全体をスタンドオフセンサー（この時はドイツ・ブルカー社のRAPID）で5km程度先の群衆上空までカバーし、群衆の中にはIMSの検知器を携行させた統合危険監視チーム（JHAT）を何組か巡回させて化学テロの警戒に当たっていた。これに対して、日本独自のCBRNEクラウドシステムは使えるかという視点も重要である。

筆者自身も、当初はCOBRAなどの海外製品を導入することを考えていた。しかし、警察が部外のネットワークに繋げられないという障害があった。また、国外のシステムが我が国の事情に合っているかという問題点も見えてきた。

日本独自のネットワークシステムが必要であると感じ、㈱エス・ティ・ジャパンが自社で作ることにしてできたのがCBRNクラウドシステムである。国内の多くの研究者や消防、自衛隊等の現場の方々などからアドバイスをいただき作成されたものだという。現状では、C（化学剤）やB（生物剤）の検知器は輸入に頼らざるをえないが、ネットワークシステムは可能な限り日本で作った方が自由度も高く、日本での運用に沿ったシステムを構築することができる。理想に近い検知器の統合化や現場と研究機関の連携（独自のリーチバックシステム）など実現することができる可能性も高い。このシステムは、特にすでにLCD3.3などを保有している消防機関等が導入することにより他機関との連携がスムーズに行えると考えられる。

さらに最近では、4足歩行ロボット（写真参照）に検知器を積載することにより無人で映像と検知情報（当たりをつける）をネットワーク内で共有することも考えられている。

07 日本に"Chain of Custody"は定着するか?

　埼玉スタジアム2002で消防と陸上自衛隊中央特殊武器防護隊（中特防）、米軍の部隊が来て訓練をした際に、米軍の指揮官が面白いことを言った。一つは、このたくさんの部隊が混在している中で、誰が全体を指揮統制しているのかよくみえないという点だった。なるほどと思った。もう一つは、現在の国際情勢の中で、万が一本当に化学兵器が使用されるとしたら、国際的にも大変なニュースになる。その時、キチンと検知し、サンプリングし、確かにこれはあの国がやったかもしれないという検証ができるような枠組みができているのか？ という点であった。言い換えれば、サンプルがどのように採取され、密封され、移送され、保管されたか、**その履歴管理**（Chain of Custody）がしっかりなされているのか？ という問いであり、それに衝撃を受けた。

　確かに化学剤を使用されたとなれば国家テロの可能性が高く、現着の早い消防機関に履歴管理のお願いをする必要があると感じた。同時に履歴管理が必要な理由を消防機関に説明しなくてはならないと感じた。

　この部分は、この「検知の教科書」の中で、前中特防隊長の松原1佐に執筆をお願いしたところである（第5章03）。あの時、埼玉スタジアムの現場で松原隊長（当時）ご自身が、米軍指揮官の話を聞いておられたこともあるし、この分野では我が国で最も知見が高いと思われるからである。

Chain of Custodyの重要性を説く陸自の松原1佐（関連記事 5章98ページ）

08 検知器を選定する際の検討事項

検知器を選定する際には何を考えるべきか。検知においては、一言でいえば状況に合わせて器材、装置を選択するということになると思う。例えば、対象物が目に見えるのか見えないのかといったこともある。粉体か液体かといったこともあるかもしれない。ここでは、一例としてS消防の例を挙げておく。これは全部隊員の手作りである。SPMEシリンジも入れ可燃性ガス検知からGC-MSまで、とてもすばらしい装備の組み合わせと感じた。

自分自身の失敗から考えれば、当初の価格だけでなくランニングコスト、例えば試薬や消耗品などのコストまで見積もって、ライフサイクルコストを至当に見ておくことだろうか。いずれにしても、企業からの情報には限度があるので、**普段からCBRN検知に関して知見を蓄積し、高めておくこと**が求められる。

感度や信頼性、選択性、堅牢性、使い勝手のよさなどは当然のことかもしれない。

主要国で広く使われていて、消防の現場や戦場において試されているものは、評価が高くなるのは当然である。国産の検知器は数少ないが、放射線検知の分野では国際的にも最高レベルと思われるものが多い。このことは、福島原発事故でも実証されたことである。生物剤検知に関しては、数年前にある国内企業がスーツケース大の器材を国内市場に出したこともあったが、今は消えている。ほぼ、市場が国内に限定されることや、実剤での検証が難しいことが背景にあるのかもしれない。同様のことはC検知にもいえる。国産のC検知器は望ましいものであるが、フィールドでの実力は未知数である。

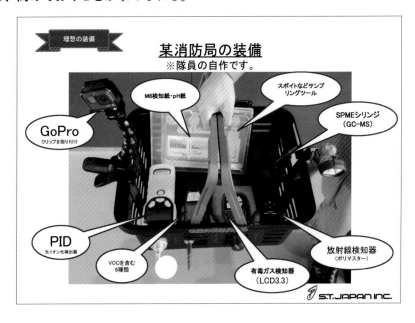

理想の装備

某消防局の装備
※隊員の自作です。

GoPro
クリップを取り付け

M8検知紙・pH紙

スポイトなどサンプリングツール

SPMEシリンジ
（GC-MS）

PID
光イオン化検出器

VOCを含む
6種類

有毒ガス検知器
（LCD3.3）

放射線検知器
（ポリマスター）

S.T.JAPAN INC.

09 トレース検知とバルク検知 ―検知における新視点―

現場検知（Field Detection）は大別して２つのカテゴリーに分けることができる。ここで「現場検知」と述べているのは、実験室レベルの分析との対比のためである。それらは、トレース検知とバルク検知となる。"Trace"はわずかな痕跡というニュアンスを持ち、"Bulk"はかさばるもの、あるいは大きなものを指す。

空港での爆発物検知は、X線やミリ波を用いた透視装置によって、バルク検知は爆発物全体の形状や密度から判断し、トレース検知は犬が行うように、付着物の痕跡を検知する。トレース検知技術は目覚ましく進化し、TATPやTNTなどの蒸気圧の高い爆薬の蒸気を、自動改札機型の検知器で検知する技術も開発されている。これは、ICカードに付着した微量の爆薬さえも検知しようとする試みである。

空港のセキュリティにおける爆発物検知は、バルク検知とトレース検知の２つの方法が標準として規定されている。従って、ここでは、爆発物検知の現場で活動している関係者が通常「トレース検知」と「バルク検知」と呼んでいることを考慮し、軍用化学剤でも同様の呼称を用いることにする。トレース検知は通常、爆発物から発生した蒸気やガスを検知するイメージが強い。では、サリンやマスタード、VXなどの軍用化学剤のケースでは、このトレース検知とバルク検知をどう解釈すべきか。

実際に、米国のCBRNe関係者の中では、化学剤検知の現場でも「トレース」と「バルク」の用語が使用されている。主要な違いは、検知できる量と、物質の状態（気体、液体、固体）である。ラマンやFT-IR、または呈色反応を利用する検知紙などはバルク検知（技術）とされ、一定量（比較的大量！）のサンプル（μgからmgオーダー）での識別同定が可能である。一方で、GC-MSやMX908高圧質量分析計のようなトレース検知（技術）は、トレースレベルでの同定が可能であるが、分析時間は必要である（数分から数十分）。

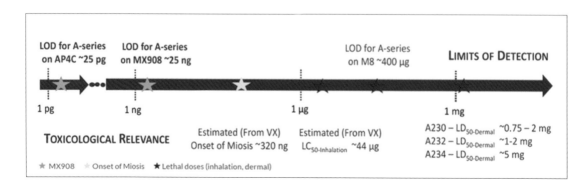

ノビチョクの検知を例にとると、M8検知紙の検知限界は400μgであり、MX908のそれは25ngであり、その差は明白である。

トレース検知は対象物から発生する蒸気やガスを検知し、一方でバルク検知は液体や粉体そのものを検知する傾向がある。

これは爆発物検知と同様である。トレース検知は、いち早く警報を発するため（Detect to Warn）や、PPE装着やCPS（集団防護システム）の起動などの防護措置をとるため（Detect to Protect）のものである。一方、バルク検知は識別同定（Identification）して、脅威を確定（Confirmation）するためのものである。

警報や防護のための検知（技術）＝トレース検知には、連続したサンプリングが必要で、迅速性が要求され（秒単位）、装置はシンプルであることが好ましい。対して、同定のための技術＝バルク検知には、バッチでのサンプリングが使われ、対応はより時間を要し（分単位）、使用される機器も複雑になる。警報、防護のための検知技術には、フレームフォトメトリーやPIDが一般的に含まれ、2〜3秒で検知可能である。当然、イオンモビリティー（IMS）や電気化学セルの技術も使用可能である。

軍用化学剤には、その蒸気圧が低いものがあるため、特に低温の環境下ではそれに合ったやり方を使用することが求められる。具体的には、VXにおいてはアダプターでVXを加温してから検知するようなケースが出てくる。

なお、空港セキュリティーにおいてはこのバルク検知とトレース検知の2種類の方法で検知することが規定されているが、広く化学テロ対処や化学戦の場面でも、この考え方をベースとして良いかもしれない。なぜなら、最近の検知器や検知装置のライブラリに爆発物、麻薬等の薬物に加え軍用化学剤を追加するだけで対応できるからである。最新の検知装置XID＋LCD4についても、軍用化学剤のみならず、爆発物や薬物のライブラリが含まれている。LCD4はXIDを使用するために必要で、LCD4はガスを検知し、XIDはVXのような難揮発性物質の検知に使用される。

10 検知器の交差感度と誤報、交差アレルギー

人間のアレルギー反応と対比しつつ事例を挙げて解説していく。

総一郎（仮名）は20年以上サーフィンを続けているが、ある日突然食物アレルギーを発症した。医師の診察により、アレルギーの原因が「納豆」であることが判明した。納豆のねばねば成分「PGA」が問題であった。このPGAはクラゲにも含まれ、クラゲの触手が標的に接触し、毒針を刺す際にPGAを生み出す。繰り返しクラゲに刺されたサーファーは、皮膚からPGAが体内に入り、アレルギー反応を引き起こす可能性がある。ここで、PGAを含む納豆を食べると、体がアレルゲンを認識し、症状を発現する。これを「交差反応」と言う。検知器も同様の反応を示すことがある。

また、ペットを飼う雅彦（仮名）のアレルギー原因は、ペットに寄生するマダニかもしれない。山間部に生息するマダニがペットに寄生し、噛むことでマダニの唾液と牛肉や豚肉の成分が交差反応を引き起こす可能性がある。

医療従事者である直子（仮名）のアレルギー原因は、天然ゴムの手袋に含まれるラテックスかもしれない。ラテックスが傷んだ皮膚から体内に侵入し、バナナやアボカドなどの果物に含まれる成分と交差反応を起こす。

有機リン成分が検知された異臭騒ぎのニュースも耳にすることがある。これも、偽陽性、つまり交差感度（Cross-Sensitivity）の可能性が高い。LCD3.3やAP2Cの観点からすると、反応した原因物質は確かに存在していた。納豆やバナナ、アボカドなどアレルゲン物質があったから反応したのと同じ理由である。サリンと同じような構造、分子量、構成原子を持つ物質が確かに存在していた。LCD3.3を非難することはできない。

ユーザーとしては、どの場面で誤報が出るか、検知器の特性を理解し、『誤報リスト』を作成しておくことをおすすめする。

交差感度とは

交差感度（cross sensitivity）について、筆者が苦い経験を通じて学んだ事実は、多くの化学剤検知器が高い誤報率を持ち、特にFalse Positive（偽陽性）が多いということである。この原因は、交差感度（Cross-Sensitivity）が高いためである。トラックの排気ガスや新建材からのガス、壁紙の接着剤、にんにくペーストにまで反応することがある。一方で、False Negativeの検知器はほとんどない。存在したら問題である。サリンの液滴があるのに反応しないのは最悪である。ただし、False Negativeも経験上、まったくないわけではない。

偽陽性は、納豆で蕁麻疹が出たサーファーと同じである。原因物質は確かにある。それをどう解釈するかが問題である。「馬鹿と鋏は使いよう」と言うが、化学剤検知器も「使いよう」である。

第２章

化学剤検知の
原理に詳しくなる

01 化学剤検知の原理とは

化学剤検知器の全体像を知る

　有毒化学剤は、人体に極めて有害な影響をおよぼすが、目に見えないため実際の毒性効果以上に精神的な恐怖の方がはるかに大きく、混乱、さらにはパニックを引き起こすこととなる。この恐怖はCBRNテロ等事態対処に当たるファーストレスポンダーであっても同様ある。この有毒化学剤という見えない敵の正体とその特性を正しく認識することが重要であり、分かってしまえばこれらの物質から身体を守ることはそれほど難しいことではなく、不必要な恐怖から解放されることになる。この見えない敵を見えるようにするのが化学剤検知器である。

　平成7年（1995年）に発生した地下鉄サリン事件では、有効な検知器が当時はまだなかったため、カナリヤを検知器代わりに使用したこともあった。また、除染を指揮した自衛官が自ら防護マスクを外し、瞳孔収縮の有無で除染効果の確認を行うという驚くべき手段で検知を行うケースもあった。その後、ポータブルタイプの検知器が著しく進化を遂げ、今では人体に影響をおよぼすに至らない程度の極めて僅かな量の化学物質であってもその存在を知ることが可能となった。これら検知器は非常に多くの種類が出回るようになったが、検知器を使えばすべてが分かるわけではなく、検知原理により特性が異なるため、その特性に合致した使い方が必要となる。また正確性を期するためには原理の異なる検知器を組み合わせて使用することも効果的である。

IMS方式の検知（写真／広島市消防局提供）

非接触の検知（写真／広島市消防局提供）

図1　化学剤検知の原理別全般イメージ

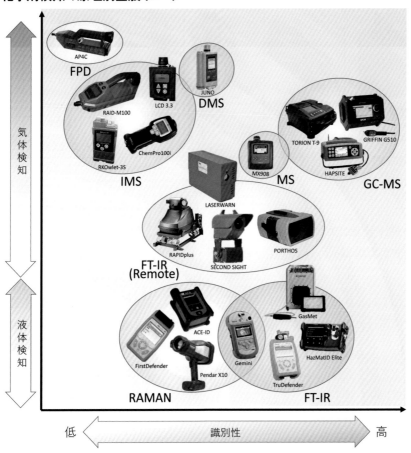

検知器の特性を整理する尺度として、検知感度と識別性がある。感度が高ければ良いというものでもなく、感度が高い場合、妨害物質の影響を受けやすい傾向にある。また、識別性が高い場合、一般に検知に時間がかかり、識別性が低ければ何にでも反応するが、何かがあるとの目安となる情報を迅速に得ることが可能となる。このほか、単価やランニングコスト、検知時間、操作性、携行性、堅牢性、耐環境性等の比較要素があり、現場におけるニーズに合わせて選定することが重要である。これらの特性を理解したうえで、検知器の本来の能力を十分に発揮させ、必要な情報を迅速に得るには使用者の知識と訓練も欠かせない。

　これら多種多様な化学剤検知器を検知原理別に感度と識別性の軸で大括りにイメージすると**（図1）**のようになる。

02 IMS方式による有毒化学剤の検知

図2　IMS方式による化学剤検知の一例

LCD3.3	RAID-M100	ChemPro100i	RKOwlet-3S	JUNO
高感度モードにより検知感度が高い	ドリフト領域が長いため識別性能が高い	ベークアウト機能により濃厚ガス吸引後の復帰が早い	国内に生産基盤及びサポート基盤がある	電圧を変動させて検知する機能により識別性が高い

IMSとは

IMS（Ion Mobility Spectrometry）とは、現段階では化学テロ災害等への対応を任務としているファーストレスポンダー等において最も多く採用されている検知方式である。我国で比較的多く採用されている化学剤検知器の一例を**（図2）**に示す。これまで輸入に頼っていたが、ポータブルタイプとしては初の国産検知器（RKOwlet-3S）も販売されるようになった。

また、IMSを発展させ非対称の電界を印加し（ある空間に電場：電界を作り出す）、振動運動によりイオンを分離するため損失が少なく、高感度、高識別性を実現したDMS（Differential Mobility Spectrometry）方式の検知器（JUNO)も販売されている。これらは基本的には同じ検知原理だが、検知感度や識別性を向上させるための様々な工夫がなされている。

IMS方式の検知原理は、有毒ガスを吸引した後、コロナ放電または放射線源でガスをイオン化させて各物質特有の結合物イオンの塊を生成し、このイオンの塊に印加電圧をかけ、ドリフトチューブ内を千分の数秒という短時間に移動させ、検知部に各イオンが着達する時間差により識別を行う。**（図3）**

この方式の化学剤検知器は、神経剤に対する検知感度が非常に高く、半数致死量の千分の1以下の0.1㎎/㎥程の検知感度があり、迅速応答、簡便操作性、軽量小型、連続検知が可能等、携帯型の化学剤検知器として優れており、現場対応において多く使われている。

使い勝手のよい検知器であるが、使用にあたっては以下の注意事項を遵守することも必

図3　IMS方式の検知原理

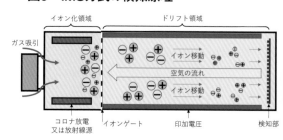

要である。

注意事項

①濃厚なガスを大量に吸引しない

濃厚なガスを大量に吸引すると内部が汚染され、対象ガスが存在しない状態となっても警報が出続け、警報状態から復帰しない、あるいは復帰に時間を要し、汚染の有無の判断が困難となる。これを防止するため、測定可能範囲を超えない（インジケーターが振り切れない）状態での使用に留意する必要がある。

②疑陽性反応に注意する

非常に検知感度が良いため、建築材の接着剤や塗料、ワックスや香料等にも反応し偽陽性を示す場合がある。この場合は、被災者の症状による判断や他の検知原理の検知器の併用が必要となる。しかしながら有毒ガスがあるのに反応しないため、陰性は原理上ほとんどないと考えてよい。

③温度、湿度の影響を受けることに注意する

ドリフトチューブ内を外気が流動しており、温度、湿度の影響を強く受ける。このため、極端な温度・湿度環境では誤警報、状況により反応しない場合がある。これを防止するため、温度補正や湿度を除去する機能を有する器材もあるが、急激な温度変化（器材が冷えた状態で急に暖かい室内での検知、またはその逆）には対応できないので、使用環境温度に器材を慣らす必要がある。

④定期的な整備と防湿保管に努める

堅牢な作りではあるが内部構造は精密機器であり、最良の状態で使用するためには、取扱書に示された交換部品等の定期的な交換、電池の充電、機能点検、および保管に当たっては保管容器に除湿剤を入れ、低湿度状態で保管する必要がある。

現場で使用する際の留意点として、気状の有毒化学剤は汚染現場の一帯に均等に広がっているとは限らず、通常揮発した有毒化学剤は空気より重いため床面に近い低い所に高濃度で滞留する。このためできるだけ早く有毒ガスの存在を知るためには、検知器を低い位置で保持してガスを吸引させことが有効である。また、空気の動き（風向）により流動するため、濃度の違いが発生する。このため、汚染源を特定するためには風上側から接近する等、気体の流動を意識した検知器の使用が必要となる。

また、揮発度が低いVXのような化学剤では、空気中に揮発するガスが極めて少量であるため、吸入口を液滴にできるだけ近づけて吸引するか、液滴を採取し熱を加えて揮発させる手順を踏まなければ検知が困難である。

化学剤検知器の能力を100％発揮させるためには、有毒化学剤の性状および検知器の特性を理解し、これを体で覚えるまで錬成することが重要である。

33

03 赤外吸光分光法とラマン散乱分光法による有毒化学剤の特定

原理の異なる2種類を使い分ける

有毒化学剤は通常液体の状態で散布され、これが気化し有毒ガスを発生させる。化学兵器として使用する場合、目的に応じて揮発速度が速く有毒ガスを発生しやすい一時性化学剤と、液状のまま汚染物質として残留しやすい持久性化学剤に分類することができる。気化した有毒ガスは前項の化学剤検知器で迅速に有無を確認し、概定することが容易であるが、有毒ガスの発生源となっている物質を正確に特定するためには分光法を使用した分析機器が必要となる。

テロ災害の現場では、被災者の救出・救助に並行して有毒ガスの発生源となっている不審物を正確に特定するが、これは除染の必要性、現場での拮抗薬投与の判断、医療従事者への情報提供による治療方針の決定等、その後の判断に資する重要な情報となる。

被害は発生していないが、不審な物質や容器入りの液体等が置かれている等の通報に基づき現場進出し、危険性の有無を判断する場合にも測定器が必要となる。

これら測定器には「赤外吸光分光法」と「ラマン散乱分光法」と言う測定原理の異なる2種類の器材がある。

①赤外吸光分光法

赤外光を物質に当てると、その物質の分子構造に応じて特定の波長の赤外光が吸収され、吸収されなかった反射光を測定することにより、物質を特定することができる。さらにこの反射光を計算処理（フーリエ変換）することによりノイズを除去した高い測定精度を得ることができる。この器材を通称FT-IRと呼んでいる。

②ラマン散乱分光法

単色光のレーザーを物質に当てると、その物質の分子構造に応じて当てた光と異なる波長の光（ラマン散乱光）が発生し、この光を測定することにより、物質を特定することができる。レーザー光はガラス等の影響が少ないため、ガラス等容器内の物質の測定も可能となる。

この2種類の測定器は、それぞれを単独で使用しても不審物を判定することが可能だが、対象物や使用環境等により得意・不得意分野があり、相互補完的とも言える。**(図4)**

このように相互補完的な特性から、これら2方式の器材の両方を使用してクロスチェックを行い、測定の制度を上げることも効果的で、この2つの方式を1つの測定器材に搭載し対象とする不審物の状況に応じて方式を選択できる器材も販売されている。また、最近ではラマン散乱分光法の欠点である外乱光の影響やレーザーによる試料損傷の恐れを改良し対象とする試料から2mも離隔した位置から

図4　赤外吸光分光法とラマン散乱分光法の比較

測定原理	赤外吸光分光法	ラマン散乱分光法
適合物質	OH，COOR，NH等の基を持つ物質の測定に適する	芳香族、無機化合物等の測定に適する
水溶液の測定	%オーダー以下の濃度では成分の測定は困難だが、水を特定できるため、主成分である水を判断することが可能	%オーダー以下の濃度では成分の測定が困難で、水を特定できないため、主成分である水を判断することが困難
ガラス容器内の物質の測定	ガラスが赤外光を吸収するため、内容物を測定することは不可能	ガラス容器等の内容物を直接測定することが可能
器材の汚染	試料を直接試料台に置くため器材が汚染される	非接触で測定できるため器材が汚染されない
試料への影響	測定中に試料を損傷することが少ない	レーザー光により試料を損傷する場合がある
太陽光、蛍光灯等外乱光の影響	受けない	外乱光の影響を受けるため試料を暗幕等で覆うことが必要となる場合がある
ライブラリの量	ライブラリが比較的多い	ライブラリが比較的少ない
操作の容易性	試料をセンサー部に置くだけで、正しい測定結果が得られる	レーザー光の当て方により測定結果に違いが出る場合がある
器　材　例	Haz Mat ID Elite　　　Tru Defender FTX	First Defender RM　　　ACE-ID

でも測定できる器材も発売されている。

　これら測定器材は、使用者の要求を反映し次々と新製品が開発され、精度を向上させ、より使い易く、安全性の高い器材へと発展を続けている。

ラマン散乱分光法

約２m離隔した位置から検知可能で、化学物質だけでなく、爆薬や麻薬の識別も可能

Pendar X10

04 GC/MS方式による有毒化学剤の分析

　不純物や混合物を含む物質、また非常に微量な不審物等、携帯式の化学剤検知器では特定困難または偽陽性・偽陰性の可能性がある場合、不審な物質を正確に特定するため、分析器が必要となる。GC/MSはかつて研究室に設置されるような大型で精密な分析装置であったが、携行し野外で使用できるほど小型化し堅牢性を兼ね備えた分析器材が発売され発災現場でも使用できるようになった。**(図5)**

　GC/MSとは、GC（ガスクロマトグラフ）という混合物を分離する装置とMS（マススペクトロメータ）という純粋な物質の質量を分析し特定する装置を組み合わせたもので、GCの分離能力は非常に高く、数百種類の混合成分であっても単一に分離することができる。GCによる分離の後、MSへと送られ、イオン化された後、質量分離部の磁場により極めて正確に質量毎分離され、検出部で検出し、ライブラリの中から該当する物質を選定し物質名を表示することができる。**(図6)**

　精度だけでなく感度も非常に高くppbオーダー（10億分の1）という微量な存在で

あっても検出することが可能である。しかしながら、全ての物質を分析できるわけではなく、特に野外でも使用できるポータブルのGC/MSでは、300℃以下で気化しその温度でも分解されない物質で、分子量40～500程度の物質に限られる。もっともテロ等で使用される可能性がある有毒化学剤や産業毒性物質は、ほとんどこの条件に入っていると考えて差し支えない。

図5 ポータブルタイプGC/MS

TORION T-9
・分析時間が比較的早い
・立ち上げ時間が短い
・比較的軽量

HAPSITE ER
・気体の連続分析可
・低濃度物質の分析可
・高い耐振動/衝撃性

GRIFFIN G510
・爆破物、薬物の分析可
・低濃度物質の分析可
・高分子物質の分析可

図6 GC/MSの分析メカニズム

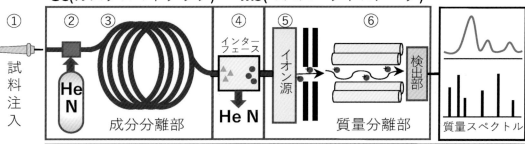

GC(ガスクロマトグラフ) 　　**MS(マススペクトロメータ)**

① 試料注入
② He N
③ 成分分離部
④ インターフェース　He N
⑤ イオン源
⑥ 検出部
質量分離部
質量スペクトル

① 試料（液体、気体、固体）を採取具（シリンジ等）で注入
② 試料を加熱しキャリアガス（HeまたはN）と混合
③ カラム（数mのパイプ）を移動する間に単一成分に分離
④ キャリアガスを除きGC部からMS部に導入
⑤ 電子を衝突させることによりイオン化し、印加電圧で加速
⑥ 質量数の大きさにより分離され、検出部で検出し物質を特定

05 遠隔探知装置による有毒化学剤の検出

　化学剤遠隔探知装置は、テロによる化学剤の散布や事故等による産業毒性物質の漏洩を離れた場所から広域に渡り探知し、発生源や流動方向を迅速に知ることができる。

　検知器では、その検知器がある場所だけのポイント情報であるが、探知機では、その探知機の設置場所を中心に探知可能距離（5km程度の能力を有する器材が大半）を半径とする四周広範なエリアの有毒ガスの存在を知ることができる。この装置をテロの攻撃を受ける可能性のある重要防護施設や集客施設等に向けて事前に設置し、対象物とその周辺におけるテロの発生を警戒することにより、未然防止を図ることが可能となる。この離れた場所から目に見えない化学剤の存在を知るため、赤外領域の波長の電磁波を利用している。**（図7）**

　赤外線は可視光線より波長が長く、その赤外領域において近赤外線、中赤外線、遠赤外線に区分される。この中で、中赤外線と呼ばれる波長2.5μm～25μmの波は、空中を伝わる間に存在する化学物資の分子構造応じた個別の吸収特性を持っており、吸収スペクトル指紋領域とも言われ非常に正確に分子構造の違いを判別することが可能であり、また、霧等の影響を受けにくく「大気の窓」とも言われており、赤外線のこの領域を利用することが化学剤の探知に非常に適している。

　赤外線は、建物や山林等地上の全ての物体から輻射熱として放出している。化学剤遠隔探知装置により化学剤雲を探知しようとする場合、この赤外線の背景輻射とのコントラストを得られるよう設置する必要がある。化学剤探知装置の受光レンズを空中に向けてしまうと、この赤外線のコントラストが得られないため、化学剤雲の探知が困難となる。一方、赤外線の特性上、可視光のない夜間の真っ暗な状態であっても探知は可能である。**（図8）**

　探知できる距離は一般に5km以上とかなり遠距離でも可能だが、小さな剤雲の場合、背

図7

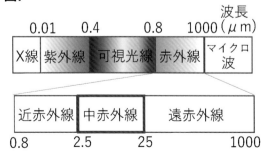

図8　化学剤探知のメカニズム

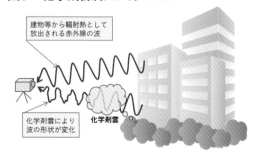

図9　化学剤探知装置の一例

PORTHOS	RAPIDplus	SECOND SIGHT	LASERWARN
【パッシブ型FT-IR】 ・360度スキャンにより全方向5km以内に存在する化学剤の探知が可能 ・背景画像上に剤雲の位置を表示し状況把握が容易 ・車両等に搭載し、移動間の探知が可能		【多スペクトル赤外カメラ】 ・スキャンが不要のため監視方向の状況をリアルタイムで把握可能 ・背景画像上に剤雲の位置を表示し状況の把握が容易	【アクティブ型FT-IR】 ・対象とする方向に反射板の設置が必要 ・探知精度および感度が高い

景面積に占める比率が小さくなり、光学処理をしていることより探知が困難となるため、遠距離程大きな化学剤雲の存在が必要となる。

　さらに考慮すべき点として、赤外線は雨に吸収されるため、小雨程度であれば可能だが、基本的には雨天での使用は困難となる。また、ガラスは透過できないため、室内からガラス越しに使用することも避けなければならない。

　器材の持つ能力を最大限活用するためには検知原理を知ることが大切で、これを知ることにより使用上の注意事項の理解と本来の性能を十分に発揮させることが可能となる。

　赤外線を使用する検知原理は同じだが、信号処理が異なる器材や化学剤の存在を背景画像に重ね合わせて表示し視認性を向上させた器材もある。また、探知器材から赤外線レーザーを照射しその反射波で探知する大変精度の高いアクティブタイプの器材もあるが、対象とする方向にミラーを設置する必要があり、探知器材とミラーの間の化学剤雲の探知に限定される。**（図9）**

写真／著者撮影

06 検知紙による有毒化学剤の検知

　検知紙は、液状の化学剤を付着させるとその種類により異なる呈色をするため、液状の不審物質が有毒化学剤であるか否かを知ることができる。G剤系の神経剤は黄色、V剤系の神経剤は濃緑色、びらん剤は赤色に変色するため、簡易ではあるが、事後の判断に資する有益な情報を得ることができる。

　有毒化学剤は臭いがする場合もあるが、サリン等の神経剤は無臭であり、かつ液状の神経剤は純度が高い場合は無色液体であるため、五感に頼ることができない。従って検知器の使用が不可欠となるが、一般に化学剤検知器は高価であり、最初に現着するファーストレ

スポンダーが必ず装備しているとは限らない。このような場合は、化学剤検知器がなくても被災者の状況（縮瞳から分泌過多、痙攣へと進む症状等）が大変重要な情報源となる。しかしながら、被災者が汚染されているか、それとも有毒ガスを吸い込んだだけで汚染はされていないか、また、発災場所の原因物質はどれかを判断する必要がある。このような被災者に付着している液体や現場付近に存在する不信な液体の危険度を判定するのに大変有効なのが検知紙である。検知紙は、有毒ガスを検知する化学剤検知器と組み合わせて使用することにより、有毒ガスと汚染物質の存在

図10　検知紙の使用要領

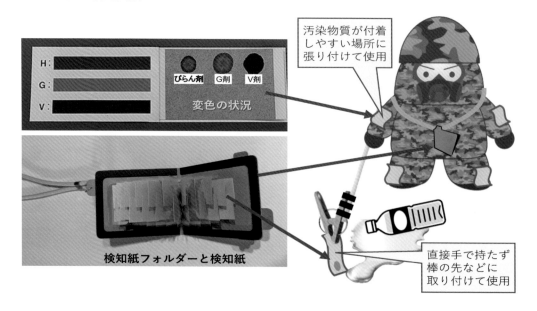

汚染物質が付着しやすい場所に張り付けて使用

変色の状況　びらん剤　G剤　V剤

検知紙フォルダーと検知紙

直接手で持たず棒の先などに取り付けて使用

を知り、危険状況の全体像の把握を容易にすることが可能となる。また、化学剤検知器の補助手段として有効であるばかりでなく、汚染地域内に進入し捜査活動や救出活動を実施する際、汚染物質が付着しやすい防護衣の肘や膝等に事前に検知紙を貼り付けておくことにより、防護衣の汚染状況が確認でき、汚染の拡大防止や活動後の除染を効率的かつ効果的に実施することが可能となる。（図10）

検知紙は、有毒化学剤だけでなく、産業毒性物質にも呈色反応するため、通常であれば存在しないような液体状の化学物質があれば擬陽性を示すことになる。しかしながら飲料や体液等通常身の回りにあるような無害な液体には反応することはないため、不審物の存在を判断する有効な手段となる。

小型軽量で安価な消耗品なので、化学テロ災害発生時に初動対応の任務があるが化学剤検知器を保有していないファーストレスポンダーや、化学剤検知器を保有する専門部隊の検知活動をより効果的にする手段として、各隊員が保有することをお勧めする。

07 化学剤の検知訓練

　有毒化学剤に対する検知訓練は、本物の化学剤を使用し実際に起こり得る状況を作為した環境の中で訓練をすることが理想的である。しかしながら、周辺地域に影響を及ぼしかねない危険な有毒化学剤を使用して訓練をすることは困難である。このため、化学剤があるものと想定して訓練をする場合が多いが、これでは検知動作を形式的に実施するだけの器材取り扱い訓練でしかなく、場合によっては実際の行動とは異なる動作を体に覚えさせてしまうことにもなりかねない。このため無害な擬剤を使用し、有毒化学剤が使用された際に起こるガスの流動現象等に極力近い環境を作為することにより、効果的な訓練を実施す

ることが可能となる。

　安全に使用することができる訓練用擬剤として、軽易に購入できる「マロン酸ジエチル」及び「サリチル酸メチル」がある。マロン酸ジエチルは、検知紙にG剤の反応である黄色の変色を示し、気化したガスは化学剤検知器（LCD3.3）にGA/タブンまたはGB/サリン（濃度による）と表示される。サリチル酸メチルは、検知紙にH剤の反応である赤色の変色を示し、気化したガスはLCD3.3にHDと表示される。

　擬剤を使用した訓練により、わずかな空気の流れに沿って対象ガスが流動し検知に大きな影響を及ぼすこと、汚染箇所を特定するためには検知紙の併用が必要であること、化学

擬剤（マロン酸ジエチル）にLCD3.3は
GB（サリン）を表示

擬剤（サリチル酸メチル）に検知紙は
赤色（びらん剤）を呈色

剤検知器にガスを吸わせすぎると内部が汚染されて警報が鳴り続け検知器として機能しなくなること、等々を体得することが可能となる。

　有毒化学剤のガスは空気より重く、低い位置に滞留する傾向にあるため、床に倒れた被災者はガスを吸入し続けているが、検知器を高い位置で保持すると検知しない場合がある。また、空気の流れと共に流動するため風上側から接近すると有毒ガスの発生個所の間近でも検知しない場合があり、風下では相当離隔していても化学剤検知器の検知感度が高いため、低濃度ガスに反応する場合がある。

　化学剤検知器は空気の流れに大きく影響されるため、汚染箇所の確認には検知紙の使用が必要である。また、ポータブルタイプの化学剤検知器は、あくまで簡易検知における1次スクリーニングとして用いられる検知器で、迅速性と感度が高いが、正確性には制約があり偽陽性を示す場合がある。このため、検知紙や2次スクリーニング（再検知活動）として識別能力の高いポータブルタイプの分析機器（赤外分光、ラマン分光、GC/MS等）の併用によりクロスチェックを行い、検知結果の信頼性を高めて総合的に判断する必要がある。

　化学剤検知器が陽性反応を示した場合、そのままの状態を維持すると内部が汚染され、有毒ガスがない場所でも反応し続けてしまい検知器として機能しなくなる場合がある。こ

のため、陽性反応後、速やかに反応箇所から離し反応を止めるか、活性炭製の袋に入れ浄化された空気を吸入し反応を止めながら使用する必要がある。

　擬剤を用いた本番に近い環境での訓練により、検知器や分析機器を使用した際の注意事項を体で覚え、いざ化学テロが発生した際、自信を持って正しい判断と対応行動が迅速にできるよう、日頃の効果的な錬成が極めて重要である。

地下鉄サリン事件では、除染剤に使用した水酸化ナトリウムに反応し、検知紙が赤色を示した

08 有毒化学剤の基礎知識

有毒化学剤の概要

(1)主な有毒化学剤

　有毒化学剤は、吸入または接触により人体に重篤な影響を及ぼし生命の危険性も高い。また、目に見えないため、その存在の可能性だけでも恐怖心を煽り精神的な効果も大きい。多くの化学剤の性状は、散布時は液体でその後揮発し有毒ガスを発生させる。揮発しやすく多くの有毒ガスを発生し大量の被災者が生じるものから、液体が皮膚に触れることにより障害を発生させ、さらに揮発しにくいことから危険な汚染物質として長時間残留するもの等があり多様である。

　有毒化学剤は生理作用により、神経剤、びらん剤、血液剤、窒息剤に区分することができる。（表１）この表に示す有毒化学剤は、すべて過去に軍用兵器として殺傷目的で使用または準備されたものであるが、血液剤および窒息剤に列挙した有毒化学剤は産業毒性物質TICs（Toxic Industrial Chemicals）として現在も身近に存在し、毒性が極めて高い。

　これらの有毒化学剤の外観は、不純物を含む場合や劣化した物は色が着いている場合があるが、純粋な物質であれば無色の液体で、視覚により水と区別することは困難である。また、最も脅威が高い神経剤は無臭であり、嗅覚による覚知は困難である。

　その他の化学剤は特有の臭気を持ち、致死量に至らない低濃度でも匂いを感じるため、速やかな防護マスクの装着または緊急離脱のトリガーとすることは可能である。蒸気密度とはガス化した時の空気に対する比重を示しており、青酸以外は空気より重く、低い位置に有毒ガスが滞留することを示している。持久度は、これらの有毒化学剤が散布された時の液体で存在する長さを示しており、数日以上の持久度がある剤は除染が必要であり、数時間の物は状況に応じた除染の必要性を判断する必要がある。毒性は濃度（mg/㎥）に暴露時間（min）を乗じ、暴露した際に約半数の人員が死に至る半数致死量（mg/min/㎥）で表し、数値が小さいほど毒性が高いことを示している。

(2)新たな有毒化学剤「ノビチョク」

　「ノビチョク」は1970年代にソビエト連邦で開発された第４世代の神経剤で、最近までその存在が秘匿され実態は不明であった。近年その化学構造式等が明らかとなり、化学兵器禁止条約の対象リストにも掲載されるようになった。また、暗殺事件にも実際に使用されている。

「ノビチョク」の特性は以下の通り。

①従来最も毒性が強いVXの５〜８倍の強い毒性

②100種類以上の派生型があり、検知器による特定が困難

表1　主な有毒化学剤の特性

区分	名称	外観	臭気	蒸気密度（空気比）	持久度	毒性[mg·min/m³]
神経剤神経系	タブン	無色液	無臭	5.6	数日	400
	サリン	無色液	無臭	4.8	数時間	100
	ソマン	無色液	無臭	6.3	数日	50
	VX	無色液	無臭	9.2	数日～週	10
びらん剤皮膚・呼吸器系	マスタード	淡黄色液	にんにく臭	5.5	数日～週	1,500
	ルイサイト	褐色液	ゼラニウム臭	7.1	数日	1,500
血液剤細胞系	シアン化水素	無色液・気	アーモンド臭	0.9	数分～時	2,500
	塩化シアン	無色液・気		2.1	数時間	10,000
窒息剤呼吸器系	ホスゲン	無色気	干し草臭	3.5	数分～時	400
	クロロピクリン	無色液・気	刺激臭	5.7	数時間	2,000
	塩素	無色液・気	刺激臭	2.5	数時間	6,000

表2　ノビチョクを使用した暗殺事案

2018年3月4日、英国ソールズベリーで、ロシアの元諜報員（セルゲイ・スクリパリ氏66歳）と娘（33歳）がショッピングセンターで意識不明で発見。
自宅のドアノブにノビチョクが塗布されていた。

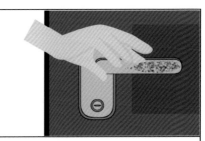

2018年6月30日、英国エイムズベリーで、偶然拾った香水瓶によって40代の男女が意識不明の重体で発見。
その後女性は死亡、男性は7月20日に退院

2020年8月20日、西シベリアのとムスクから旅客機でモスクワに向かう途中、ロシアの反体制指導者（アレクセイ・ナバリヌイ氏44歳）が意識不明の重体。
宿泊部屋に残したミネラルウオーターのボトルからノビチョクを検出

表3　低致死性(無障害)化学剤

区　分	名　称	性　状	効　果	使用例
無能力化剤	BZ キヌクリニジニル ベンジラート	無色無臭 結晶	中枢神経に作用し、陶酔感から錯乱、脱力、絶望感までの精神作用が発現	過去米軍が化学兵器として保有
	LSD リゼグル酸 ジエチルアミド	無色無臭 結晶		幸福感、高揚感を得る麻薬として使用
	フェンタニル	白色無臭 結晶	鎮痛剤、モルヒネの80倍 ヘロインの100倍	モスクワ劇場占拠事件においてロシア軍が使用、人質127人死亡
くしゃみ剤 (嘔吐剤)	DM アダムサイト	黄色無臭 結晶	副鼻腔、上気道への刺激、くしゃみ、咳、嘔吐、倦怠感	過去米軍が無能力ガスとして兵器として採用
	DA ジフェニル クロロアルシン	無色無臭 結晶		あか剤として旧日本陸軍が採用
	DC ジフェニルアルシン	無色ニンニク臭 固体		
催涙剤	CN クロロアセトフェノン	無色刺激臭 結晶	涙を流出させ粘膜を刺激、一時的に失明状態	しろ剤として旧日本陸軍が採用
	CS O-クロロベンジリデンマロノニトリル	白色胡椒臭 結晶	CNの10倍の効果	ベトナム戦争、暴徒鎮圧剤として使用

③毒性の低い２種類の化学物質を混合して使用する型（バイナリー）も存在

④液体では即効性、固体（粉状）では18時間もの遅効性を示す場合もある

⑤水の中でも毒性が持久するため、水除染時の汚水管理に注意が必要

(3)その他の化学剤

　人を一時的に無力化させる低致死性（無障害）化学剤として、無能力化剤、くしゃみ剤（嘔吐剤）、催涙剤に区分することができる。これらは人を殺傷することなく作戦を遂行、あるいは暴徒やテロの制圧等に使用することを目的としており、人道的な化学兵器ともいわれている。しかしながら、これらの化学剤を使用された場合、一般に激しい苦痛を伴い、高濃度で使用した場合は死亡に至る場合もある。

有毒化学剤の身体への影響

(1)神経剤

【神経剤の作用】

神経剤は、神経伝達系の酵素である「アセチルコリンエステラーゼ」の働きを阻害する作用があり、呼吸による吸入、皮膚浸透、経口摂取により体内に侵入し、筋肉の動きを麻痺させ全身症状を呈する。

発症は、縮瞳→鼻汁→嘔吐→発汗→流涎→呼吸障害→痙攣→意識障害→呼吸停止の症状を経て重症化し死に至る。

通常、筋肉が収縮する際、神経細胞端末から放出されるアセチルコリンを受容体側で受けることにより筋肉が収縮し、アセチルコリンエステラーゼがアセチルコリンを分解し筋肉が元の弛緩状態に戻ることにより身体の各機能を維持している。神経剤が体内に侵入すると、神経剤とアセチルコリンエステラーゼが結合し、アセチルコリンの分解を阻害し、筋肉が緊張状態から弛緩できなくなる。このため縮瞳や分泌亢進、心肺機能等の障害、痙攣等を引き起こす。

図11　神経剤の作用

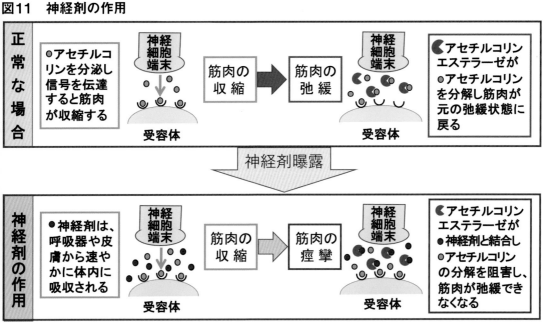

【有毒化学剤の揮発性】

　代表的な神経剤として、タブン（GA）、サリン（GB）、ソマン（GD）、およびVXがあるが、いずれも液体で、揮発性が異なり、サリン＞ソマン＞タブン＞VXの順で、気化しやすい。サリンは最も気化しやすく大量の有毒ガスを発生し、このガスを吸入することにより多くの被災者を発生させることになる。

　松本サリン事件では、車両に搭載した器材から約12リットルのサリンを気化させて放出し、人体に影響を及ぼす濃度のサリンガスが南北800m、東西570mに拡散し、死者8名、負傷者586名に及んだ。

　一方、揮発しにくいVXはほとんど気化しないため、ガスを吸入し障害が発生することはほとんどないが、僅か数mgの液滴が皮膚に付着しただけで致死的である。

　マレーシアのクアラルンプール空港で金正男がVXにより暗殺されたが、多くの人がいる空港で顔にVXを塗られた金正男一人だけが死亡し、他に被害者が発生しなかったのもVXがほとんど揮発しないことを示している。

【拮抗薬の投与】

　神経剤の症状を緩和する拮抗薬としてアトロピンとパムがある。アトロピンは過剰状態のアセチルコリンを受動態側でブロックし、筋肉の収縮状態を緩和する働きがある。また、パムは、アセチルコリンエステラーゼと神経剤の結合を解離吸着し、機能回復する働きがある。このアセチルコリンエステラーゼと神経剤の結合は時間が経つと解離できなくなるエージングという現象があるが、ソマンはこのエージングが2分と極めて早く、パムの有効性が2分後には大きく減少する。
（サリンのエージングは5時間、タブンおよびVXは40時間）

【自動注射器】

　令和元年度に法令の改正があり、医師以外の現場対応者（警察、消防、自衛隊等の実働部隊の公務員）が、現場の判断で神経剤の症状に対する拮抗薬である自動注射器の使用が認められた。これは、症状の進行が速い神経剤による症状を少しでも早く緩和することが人命救助に直接つながるためである。自動注射器の使用にあたっては、事前に講習を受講しておくとともに、現場では化学剤による被害であることを手順に従って確認し、迷った場合は日本中毒情報センター等の専門家の助言を得ることが必要である。

図12 拮抗薬の働き

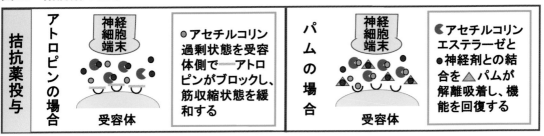

拮抗薬投与

アトロピンの場合
神経細胞端末
受容体
● アセチルコリン過剰状態を受容体側で——アトロピンがブロックし、筋収縮状態を緩和する

パムの場合
神経細胞端末
受容体
❨ アセチルコリンエステラーゼと●神経剤との結合を△パムが解離吸着し、機能を回復する

図13 自動注射器使用の手順

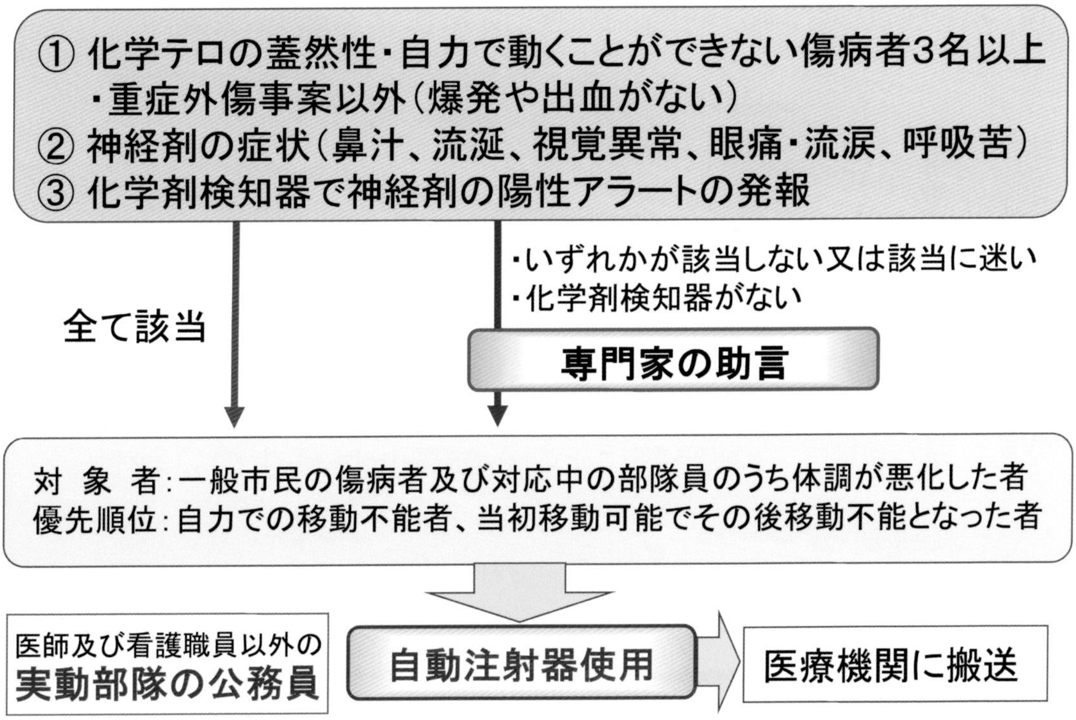

① 化学テロの蓋然性・自力で動くことができない傷病者3名以上
・重症外傷事案以外（爆発や出血がない）
② 神経剤の症状（鼻汁、流涎、視覚異常、眼痛・流涙、呼吸苦）
③ 化学剤検知器で神経剤の陽性アラートの発報

全て該当

・いずれかが該当しない又は該当に迷い
・化学剤検知器がない

専門家の助言

対　象　者：一般市民の傷病者及び対応中の部隊員のうち体調が悪化した者
優先順位：自力での移動不能者、当初移動可能でその後移動不能となった者

医師及び看護職員以外の
実動部隊の公務員

自動注射器使用

医療機関に搬送

【トリアージ】

　神経系への障害であるため、心肺停止状態に陥った場合でも適切な医療処置により蘇生の可能性があり、黒タグではなく優先的医療処置の対象となる。また、この際の現場における応急処置として、気道確保および心臓マッサージが重要となる。

図14　神経剤による傷病者のトリアージ

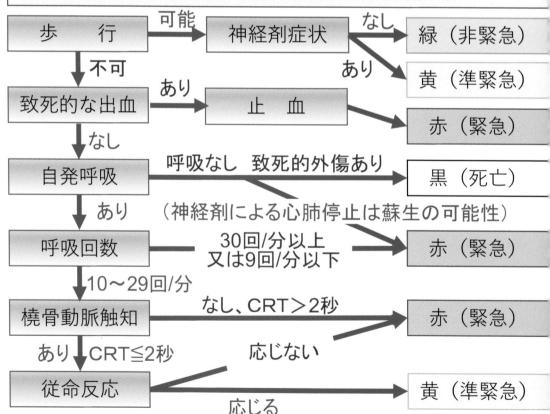

① 救命不可能な傷病者に時間と医療資源を費やさない
② 治療不要な軽傷病者を除外
③ 緊急性の高い傷病者を選別し、治療、搬送
④ 拮抗剤の投与の判断、脱衣・清拭による現場除染

歩　行 →可能→ 神経剤症状 →なし→ 緑（非緊急）
　↓不可　　　　　　　　　あり→ 黄（準緊急）
致死的な出血 →あり→ 止　血 → 赤（緊急）
　↓なし
自発呼吸 →呼吸なし　致死的外傷あり→ 黒（死亡）
　↓あり　（神経剤による心肺停止は蘇生の可能性）
呼吸回数 →30回/分以上又は9回/分以下→ 赤（緊急）
　↓10〜29回/分
橈骨動脈触知 →なし、CRT＞2秒→ 赤（緊急）
　↓あり　CRT≦2秒
従命反応 →応じない→ 赤（緊急）
　→応じる→ 黄（準緊急）

（2）びらん剤

びらん剤は、皮膚、呼吸器および目に作用し、びらんおよび水疱を形成する。吸入により呼吸器細胞の壊死または肺水腫を惹起して窒息により死に至る。皮膚が曝露した場合、紅斑→びらん→水疱→壊死と進行し、体表面の50％を超えた場合、重症となり死に至る。

主なびらん剤として、マスタードおよびルイサイトがある。

マスタードは、曝露時には痛み等を感じず、数時間後に紅斑、約1日後に水疱が発生し、数日後以降壊死が進行する。このため当初は曝露に気付かず除染等の処置が遅れて重症化しやすい。解毒剤はなく、対処療法による治療となる。

ルイサイトは、曝露直後に痛みや皮膚刺激の症状が出現し、その後マスタードと同様の症状が進行する。速やかな水洗が効果的であり、解毒薬としてBAL（British anti Lewisite）軟膏の塗布またはBALの筋注がある。

（3）血液剤

主な血液剤として、シアン化水素（青酸）および塩化シアンがある。

血液剤は、細胞の酸素利用を阻害し急速に症状が現れる。症状は、皮膚紅潮→嘔吐、頭痛→呼吸困難→意識障害、痙攣→呼吸・循環不全→心肺停止と進行する。主に吸入被曝による全身症状で高濃度では数分で心肺停止に至る。皮膚被曝、経口摂取によっても症状を発症する。

解毒剤として、ヒドロキソコバラミンまたはチオ硫酸ナトリウムの静注、亜硝酸アミルの鼻孔吸入がある。

シアン化水素は速やかに気化し空気より軽いため、屋外では速やかに拡散するが、塩化シアンは空気より重く、低地に高濃度で滞留する。

産業では、メッキ加工、アクリル等の有機合成の原料、燻蒸に用いられている。また、アクリル製のカーテン等が火災によって熱分解した際にもシアン化水素が発生する場合がある。

（4）窒息剤

主な窒息剤として、ホスゲン、クロロピクリン、塩素がある。

窒息剤は、粘膜刺激作用が強く、吸入曝露により呼吸器に影響を及ぼす。

症状は、喘鳴→咳→息切れ→胸部灼熱痛→呼吸困難→肺水腫→窒息に至る。

解毒剤はなく、速やかに新鮮な空気下に移送し、対処療法により治療する。

毒性は、ホスゲン＞クロロピクリン＞塩素の順に強い。

ホスゲンは、ポリカーボネートやウレタン等の合成樹脂の原料であり、その他有機合成分野でも用途が広いため、化学工業分野で重

表4　有毒化学剤の種類と症状

区　分	重症（赤）	中傷（黄）	軽傷（緑）	応急処置
神経剤 神経伝達阻害	痙攣 呼吸障害 意識障害 弛緩性麻痺	縮瞳、鼻汁、嘔気 嘔吐、発汗、流涎 筋攣縮 呼吸障害	縮瞳、鼻汁	硫酸アトロピン パム ジアゼパム
びらん剤 皮膚・ 呼吸器損傷	体表面積50%以上 （紅斑→びらん→ 　水疱→壊死） 呼吸障害	体表面積50%以下 （紅斑→びらん→ 　水疱→壊死） 眼痛、流涙、咳 隔膜障害	体表面積5%以下 （紅斑→びらん→ 　水疱→壊死） 眼痛、流涙	拮抗剤なし （対処療法） BAL（ルイサイト用）
血液剤 細胞の酸素代 謝の阻害	意識障害、痙攣 呼吸障害 循環不全 10分程で心肺停止	嘔気、嘔吐、頭痛 呼吸困難	皮膚紅潮	ヒドロキソコバラミン チオ硫酸ナトリウム 亜硝酸アミル
窒息剤 肺細胞損傷	呼吸障害、肺水腫 意識障害 血圧低下 チアノーゼ	咳、呼吸困難 頭痛、めまい 眼痛、皮膚刺激	喘鳴、咳 眼刺激、流涙 皮膚刺激	拮抗剤なし （対処療法）

表5　毒性物質に表示されているラベル

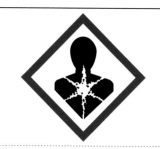

急性毒性を表しており、飲んだり、触ったり、吸ったりすると急性的な健康障害が生じ、死に至る場合がある。	金属腐食性物質、皮膚腐食性、眼に対する重篤な損傷性を表しており、接触した金属または皮膚等を損傷させる場合がある。	呼吸器感作性、発がん性、生殖毒性、吸引性呼吸器有害性を表しており、飲んだり、触れたり、吸ったりしたときに健康障害を引き起こす場合がある。

要な化合物である。

　クロロピクリンは、燻蒸剤として土壌の殺菌や殺虫に一般の農薬として使用されている。

　塩素は、強い漂白・殺菌作用があるため、工業用だけでなく家庭用にも多く使われている。塩素系漂白剤と酸性の洗剤を同時使用することにより塩素ガスが発生し、家庭における死亡事故も発生している。

産業毒性物質（TICs）

　前述の血液剤や窒息剤に列挙した化学物質は、かつては殺傷を目的とした化学兵器として使われていたが、現在も産業毒性物質として身近に存在している。毒性は血液剤や神経剤程ではないが、この他にも産業毒性物質として人体に有害な化学物質は数多く存在する。化学薬品の分類および表示に関する世界調和システムGHS（Globally Harmonized System of Classification and Labeling of Chemicals）では、世界共通の危険を表すラベルを表示し、災害防止、健康や環境の保護に役立てている。

トキシドローム

　化学物質が正確に特定できない段階で、速やかに治療を開始するため、患者の症状からおおまかに化学物質をグループ分けし、治療方針を決定する概念としてトキシドロームがある。国際的な臨床毒性学専門家プログラムAHLS（Advanced Hazmat life Support）では以下のように区分している。

(1)刺激性ガストキシドローム

　刺激性ガスは水に溶けて刺激性を発現することから、水溶性の程度により3種類に分類され、水溶性の高いものは上気道に、水溶性の低いものは下気道に病変を生じる。また水溶性の高いものは目や鼻などの粘膜を刺激する。呼吸器系の症状は、灼熱感、鼻汁、咳、発声障害、肺水腫、頻呼吸と症状が進み、循環器系では、頻脈、心筋梗塞を起こし死に至り、中枢神経系では、錯乱、痙攣、昏睡、心肺停止に至る。

(2)窒息性トキシドローム

　窒息性トキシドロームは、作用形式から単純性窒息と化学性窒息性物質に区分される。単純性窒息とは、化学物質により空気中の酸素が置換され、酸素濃度が低下することによる物理的な窒息である。化学性窒息性物質は、体内細胞等における化学反応により酸素代謝を阻害することによる窒息である。呼吸器の症状として頻呼吸となり中枢神経障害が起こると呼吸停止となる。循環器系の症状では、頻脈、ショック、チアノーゼ、心筋梗塞、心停止を起こす。中枢神経系の症状として、頭

痛、めまい、錯乱、痙攣、ノックダウンと言われる急激な意識障害を起こす。

(3)コリン作動性トキシドローム

コリン作動性トキシドロームは、コリンエステラーゼの阻害によって生じる症状で、軍用化学剤である神経剤と一般の毒性物質である殺虫剤に区分される。

呼吸器系では、ムスカリン作用による縮瞳、分泌亢進、気管支痙攣、嘔吐、失禁、意識障害、心肺停止に至る。循環器系では、交感神経刺激症状として頻脈性不整脈、高血圧、副交感神経刺激症状として徐脈、低血圧となる。

(4)腐食性トキシドローム

腐食性トキシドロームは、酸、アルカリ、酸化剤等による皮膚、粘膜組織等の化学損傷であり壊死を引き起こす。皮膚曝露による皮膚損傷、吸入による咽頭痙攣、気管支痙攣、循環器系の組織の浮腫による低酸素血症と循環血液量減少、経口吸入による消化器系の消化官穿孔を引き起こす。

(5)炭化水素、ハロゲン化炭化水素トキシドローム

炭化水素、ハロゲン化炭化水素トキシドロームは、心血管系と中枢神経に作用する。呼吸器症状として、気管支麻痺や喘鳴、化学性肺炎を起こす。循環器系では、頻脈性不整脈、虚血、心停止、通中枢神経系に対しては、全身麻酔作用による昏睡、死亡に至ることもある。

表6　AHLSによるトキシドローム

区　分		物質の例	臨床症状
刺激性ガストキシドローム	水溶性高	アンモニア、ホルムアルデヒド、塩化水素、二酸化硫黄	灼熱感、鼻汁、咳、発声障害、肺水腫、頻呼吸、呼吸困難、頻脈、心筋梗塞、錯乱、痙攣、昏睡、心肺停止
	水溶性中	塩素	
	水溶性低	ホスゲン、二酸化窒素	
窒息性トキシドローム	単純性窒息	二酸化炭素、メタン、プロパン	頻脈、ショック、チアノーゼ、心筋梗塞、頭痛、めまい、錯乱、痙攣、意識障害、心肺停止
	化学性窒息	一酸化炭素、シアン化水素、硫化水素、アジ化水素	
コリン作動性トキシドローム	殺虫剤	有機リン、カーバメート	縮瞳、流涎、流涙、分泌亢進、痙攣、嘔吐、下痢、失禁、意識障害、心肺停止
	神経剤	タブン、サリン、ソマン、VX	
腐食性トキシドローム	酸	塩酸、硝酸、硫酸、酢酸	粘膜刺激、気道刺激、皮膚損傷、痙攣、低酸素血症、消化官穿孔
	アルカリ	水酸化アンモニウム、水酸化ナトリウム	
炭化水素、ハロゲン化炭化水素トキシドローム		ガソリン、トルエン	不整脈、錯乱、痙攣、昏睡、心肺停止

第3章

バイオ（生物剤）の検知とその特性

01 バイオ検知の必要性

バイオ攻撃は、密かに生物剤を散布する手段（Covert Attack）と、犯行声明あるいは明らかに目視できる手段（Overt Attack）があり、Covert Attackについては、新型コロナウイルスによる惨禍により具体的にイメージアップすることができることと思う。いつ感染したかわからず、発症前に移動することにより広範囲に病原体を広げ、多数の感染者の発生と医療崩壊（パンデミック）を引き起こす。新型コロナウイルスよりさらに感染力や毒性が強い病原体であればその被害は想像を絶することとなる。この場合の検知は、発症者または感染が疑われる人の唾液や鼻腔粘膜等からサンプリングし検知をすることになるが、これらは医療行為であり、通常はファーストレスポンダーの任務となることは少ない。一方、Overt Attackの場合、被害を極限するため現場での判断が必要であり、検知器が不可欠となる。いずれの場合も、PCR法と抗原抗体法と言われる2法が生物剤検知器に適用されている主な検出原理である。

PCR法の抗原抗体法も生物剤のサンプルを採取する必要がある。Covert Attackの場合は、発症した患者または生物剤に曝露した可能性がある被災者の鼻腔粘膜等からサンプルを採取する。Overt Attack の場合は、白い粉のような不審物または生物剤が散布されたと思われる箇所のふき取り等によりサンプルを採取する。

テロ等による生物剤の攻撃が予測される重要警護施設等では、生物剤警報器をあらかじめ設置する。この器材は、空気中のバックグラウンド以上に増加した微生物の存在を感知し、警報を発すると共に自動的にサンプリングを行う。

生物剤の検知結果は、治療方針決定のための重要な情報であり、また、発症前に剤種に応じた適切な抗生剤を投与することにより、発症を防止することも可能となる。**(図1)**

図1 生物剤の主な警報器

Bio Hawk LF	Tac Bio	Fido B2	Smart Bio Senser

02 PCR法による生物剤の検知

　PCR法は極めて感度が高く、唾液や鼻腔粘膜等に存在する極めて微量なウイルスでも検出することが可能である。PCR検査は、病原体の特定の他、犯罪捜査や親子鑑定などにも広く活用されている。この検知原理は、生体が持つDNA配列の特異的な部分に着目し、これを検出することにより判別している。DNAには4種類の塩基があり、この並び方（配列）によって多くの情報を形作っている。生体には非常に膨大な量のDNA配列があり、同じ種類の生物でもDNA配列が同じ部分と特異的な部分がある。

　このDNA配列の特異的な部分とは、指紋のように他の生体と異なる部分で、この部分を標的とすることで目標とする生体を正確に特定することが可能となる。また、変異株という言葉も新型コロナウイルスのお陰でよく耳にするようになったが、変異をしない母体のようなDNA配列の部分を標的とすれば、変異株も同様に検出することができるし、変異の部分も標的にしておけば、変異株であることを特定することも可能である。

　この極めて微小なDNAを検出するのがPCR（Polymerase Chain Reaction）法で、特定したいDNA配列だけを増幅させる検知手法である。同定したい試料中の不純物を取り除く前処理を行い、試薬（プライマーおよびDNA酵素）を加え、測定器にセットする。その後、「加熱によるDNAの分離→温度を下げターゲットとする遺伝子配列部分に特異的に結びつくプライマーを結合→プライマーを始点として核酸を結合させ伸長させることによる複製→再び過熱することによるDNAの分離」のサイクルを繰り返すことにより目標とするDNA配列のみが爆発的に増幅し、この増幅したDNAを検出することにより標的とする遺伝子の存在を判断する。**（図2）**

図2　遺伝子増幅のメカニズム

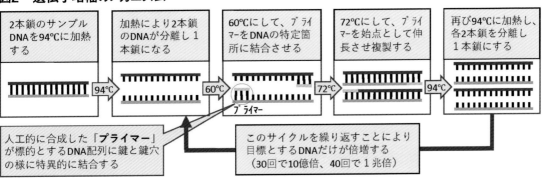

図3　可搬型PCR器材の一例

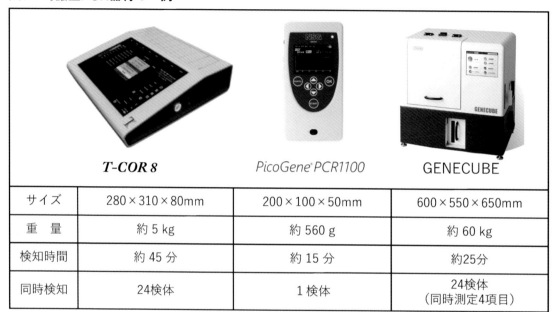

	T-COR 8	PicoGene® PCR1100	GENECUBE
サイズ	280×310×80mm	200×100×50mm	600×550×650mm
重　量	約 5 kg	約 560 g	約 60 kg
検知時間	約 45 分	約 15 分	約25分
同時検知	24検体	1 検体	24検体 （同時測定4項目）

　ここで、プライマーとは、同定したい目標物を特定する非常に精緻な鍵のようなもので、DNA配列を元に人工的に作成することができる。

　従来のPCR装置は室内に設置するほどの大型の機器を使用し、煩雑な試料の前処理の後、温度を変化させて増幅のサイクルを繰り返すことに数時間を要していたが、今では現場に持ち込むことが容易なサイズで、前処理も簡単となり、検出時間も15分〜数十分程度と非常に進化している。**(図3)**

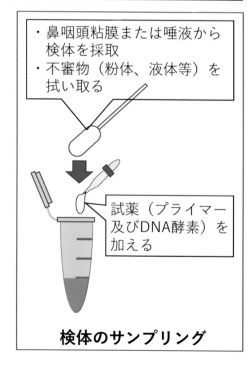

・鼻咽頭粘膜または唾液から検体を採取
・不審物（粉体、液体等）を拭い取る

試薬（プライマー及びDNA酵素）を加える

検体のサンプリング

03 抗原抗体法による生物剤の検知

抗原検査は、検知原理が抗原抗体反応と言われるもので、妊娠検査や、インフルエンザの検査等でもよく使用されている。現場においてわずか十数分で判定ができ、PCR検査に比べ非常に軽易で便利な検査方法である。比較的精度が高いが、サンプル量（対象とするウイルス等の量）が少ないと偽陰性となることがある。

①抗原検査のしくみ

動物は、体内に異物が侵入すると、これを異物と判断して排除しようとする免疫機能を有している。この体内に侵入する異物を抗原、体内で異物を認識する物質を抗体と呼び、この抗体は特定の抗原だけを選別し結合する特性を有している。この特性を利用し、対象とする抗原（生物剤等）を検出するのが抗原検査である。

この抗体は、検査対象のウイルス等（抗原）をマウスやヒツジ等の動物の体内に注射すると免疫反応により動物の体内で抗体が生産され、この血液を採取し精製して得ることができる。この抗体を検査チケットに固定し、抗原を捉えた時に発色する標識を施すことにより、対象とする抗原の存在を判断することができる。

図4　抗原検査チケットのメカニズム

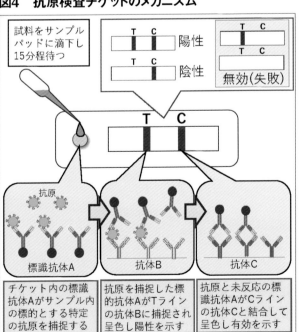

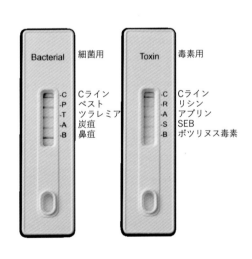

手順は、採取試料をサンプルパッドに滴下し、15分ほど静置する。この間、標的とする抗原が採取資料に含まれていれば、標識抗体と結合し、T（テストライン）の位置で別の抗体に補足され赤い色（製品によっては青い線）を発する。TとC（コントロールライン）の両方に呈色があれば陽性、Tが呈色せずCだけの呈色であれば陰性を示す。Cの位置に呈色がなければ採取量が足りなかったか検査チケットの抗体が劣化していたことを意味し、正しく検知ができなかったと判断する。**（図4）**

②検知にあたっての留意事項

生物剤の検知に抗原検査チケットを使用する場合、十分な量の抗原を採取することが必要になる。白い粉事案のように、生物剤が目視できるほどの量がある場合は、これを採取して緩衝液に溶かし、検査チケットに滴下することで検知が可能である。また、散布された生物剤を被災者が大量に吸引している場合は、被災直後の鼻孔から抗原を採取することにより検知できるが、発症前の被災者の唾液等では十分な抗原が得られず検知は困難である。空中に散布された場合は、十分な抗原を採取するため生物剤捕集器**（図5）**を使用し、生物剤に汚染された空気を吸引・濃縮し、検知可能な試料にしてから検査チケットに滴下する。

抗原検査は、対象とする特定の抗原に対してのみ選択的に抗体が結合するメカニズムであるため、対象とする1つの生物剤種に対し特定の1つの専用チケットが基本となる。したがって、脅威対象と予測する複数種類の検査チケットを準備し、そのすべてに採取試料を滴下し確認することとなる。この手順を簡素化するため1つの検査チケットに複数種類の抗体をセットし、一度に複数種類の生物剤の有無が判定できるよう工夫されたマルチ検査チケットも販売されている。**（図6）**

図5　生物剤捕集器

図6　マルチ検査チケット

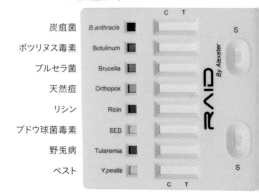

炭疽菌　B.anthracis
ボツリヌス毒素　Botulinum
ブルセラ菌　Brucella
天然痘　Orthopox
リシン　Ricin
ブドウ球菌毒素　SED
野兎病　Tularemia
ペスト　Y.pestis

04 生物剤の基礎知識

生物剤の概要

【生物剤の定義】

生物剤とは、生物兵器禁止条約（正式名称：細菌兵器（生物兵器）及び毒素兵器の開発、生産及び貯蔵の禁止並びに廃棄に関する条約）により規制される微生物等で、人員の殺傷または罹患による無能力化を目的としている。条約では対象物質の具体的な名称は列挙されておらず、「防疫の目的、身体防護の目的その他平和的目的による正当化ができない種類及び量の微生物剤その他の生物剤又はこのような種類および量の毒素」と包括的に定義されている。

【生物剤の特性】

感染性の生物剤は、患者が発生した時はすでに広域に蔓延しており、適切な対応を取らなければ爆発的な感染拡大（パンデミック）を引き起こす。またこれが自然発生か生物剤テロ（人為的拡散）によるものか判別が困難である。

表1　脅威となる主な生物剤

生　物　剤		CDC カテゴリー	人→人 感染	潜　伏　期	死　亡　率 （未治療の場合）	ワクチン	特効薬
細菌	炭疽	A	なし	1～7日 （最長60日）	皮膚：25% 肺及び腸：90%	○	○
	ペスト	A	高い	2～7日 (最短12時間)	肺：100%、 腺：50%	○	○
	野兎病(ツラレミア)	A	なし	1～14日 （平均4日）	5～30%	○	○
	ブルセラ	B	なし	1～2か月	5%		○
	鼻疽	B	低い	10～14日	50%以上		○
ウイルス	天然痘	A	高い	7～17日 （平均12日）	20～50%	○	
	エボラ出血熱等	A	中程度	4～21日	5～90%		△
	ベネズエラ馬脳炎	B	低い	1～5日	1%未満	○	
毒素	ボツリヌス菌毒素	A	なし	1～5日	高い		血清
	ブドウ球菌毒素	B	なし	3～12時間	1%以下		血清
	リシン	B	なし	18～24時間	高い		

微生物から生産される毒素は微生物ではないが、生物剤として区分される。この毒素は人から人への感染はしないが、少量でも極めて毒性が強く、空中への散布又は飲食物等への混入により多くの被災者を発生させることが可能である。

2 km²内の人員を殺傷するのに必要な費用は、通常兵器では2,000ドルに対し、生物剤ではわずか2ドルであり、生物剤が20トン（ドラム缶100本分）あればその影響は半径200 kmの地域にも及ぶと言われており、大量破壊兵器WMD（Weapons of mass destruction）と言われるCBRN兵器の中で最も費用対効果が高い。

【主な生物剤】

米国疾病予防管理センターCDC（Centers for Disease Control and Prevention）では、生物剤テロに使用される恐れのある微生物等を格付け列挙しており、国の安全保障に影響を及ぼす最優先対策の病原体をカテゴリーA、第2優先対策の病原体をカテゴリーBとして列挙している。

生物剤の散布要領

生物剤の散布手段には、無人機（ドローン）による空中散布、車両等に搭載した散布装置からの散布、水道や飲食物等への混入、郵便物等による送付、疾病媒介生物（ベクター）

の放出、感染者による拡散等がある。また、犯行声明を出す場合や、明らかに不審な白い粉やエアロゾル状の物質を散布し、恐怖を煽る公然的攻撃（Overt Attack）と生物剤の使用がわからないように密に散布し、これに曝露された被災者が潜伏期間に移動し、広範囲の人々に伝染して被害が拡大してから生物攻撃があったことに気づく秘匿的攻撃（Covert Attack）がある。

【公然的攻撃】

公然的攻撃では、散布時に混乱とパニックを引き起こすが、その後の避難、患者隔離、封じ込め等、対処による被害の極限が可能である。米国の炭疽菌事件では、1度目の攻撃では被害者が発生したが、その後、現場での簡易検査体制および抗生剤の準備等、対処体制を充実させたため2度目の攻撃では被害者の発生を食い止めることに成功した。しかしながら、擬似的な物質による攻撃や犯行声明のみであっても混乱とパニックを誘発されるため、我が国においても政府機関等に対し頻繁に擬似攻撃が行われた。

【秘匿的攻撃】

秘匿的攻撃では、犯行時には全く気づくことなく、避難は困難であり、発症した患者の隔離は可能であるが、潜伏期間の曝露者まで封じ込めることは困難であり、感染が拡大し

表2　生物剤の散布要領と特性

攻撃手段	公然的攻撃 Overt Attack	秘匿的攻撃 Covert Attack
無人機(ドローン)による空中散布	○	○
散布装置等からの散布		○
水道、飲食物等への混入	○(犯行声明)	○
郵便物等による送付	○(白い粉等)	
媒介生物（ベクター）の放出		○
感染者による拡散		○

混　乱	生　起	判明時生起
避　難	可　能	困　難
患者隔離	可　能	可　能
封じ込め	可　能	困　難
擬似攻撃	あ　り	な　し

パンデミックを引き起こすこととなる。

　感染が拡大した場合であっても、自然発生か生物剤テロかの判断は難しく、サーベイランス体制の充実強化が重要となる。この際アクティブサーベイランス（特定の疾病の発生状況を評価するための、特定の集団・地域を選定したサンプリング検査）を実施し、本来発生が見られない場所で、極めて稀な疾患が一定地域に多数発生していること等特異性が認められた場合、人為的（生物剤テロ）を疑う根拠となる。

生物剤の人体への侵入経路

　生物剤の人体への侵入経路は、空気感染、飛沫感染、接触感染、担体感染、媒介生物感染がある。口・鼻からの吸入・摂取又は蚊等の媒介生物による刺咬が人体への主な侵入経路である。

【空気感染】

　天然痘、結核および麻疹等、極めて感染力の強い微生物が空気感染の対象で、空気中に

浮遊して空気の流れと共に広い範囲に流動し、呼吸器から体内に侵入する。罹患者の咳や呼吸から発生する飛沫中の水分が蒸発し発生する場合および罹患者の吐物等から揮発して発生する場合がある。

【飛沫感染】

インフルエンザ、風疹、髄膜炎、肺炎、百日咳、MARS、SARS、そして新型コロナウイルス感染症等、呼吸器疾患の大半が飛沫感染によって罹患する。飛沫は罹患者の咳、呼吸および会話時に発生し、直径5μm以上の粒子となり飛散する。飛散距離は1〜2mが一般的であるが、数mに渡り飛散する場合もある。この飛沫を吸入することにより体内に侵入するが、この飛沫が手摺やドアノブ等に付着し、これを触れた手で口や鼻粘膜等に手を当てることにより体内に侵入する場合もある。

図7　生物剤の人体への侵入経路

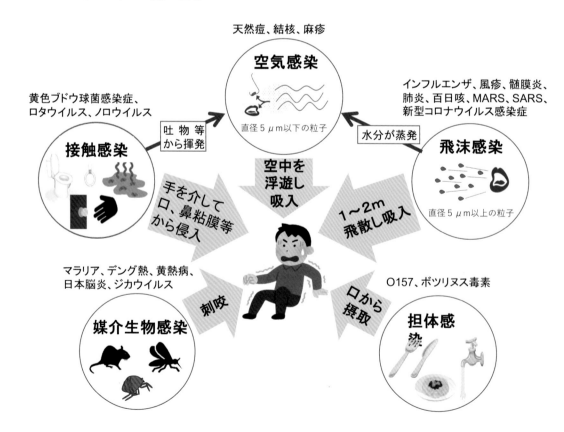

【接触感染】

　主に黄色ブドウ球菌感染症、ロタウイルス、ノロウイルス等が対象で主として消化器系の疾患である。罹患者の吐物、排泄物、唾液等の不十分な管理により有害微生物が飛散し、これに触れた手を介して口から侵入する。

【担体感染】

　O157やボツリヌス毒素等が対象で、飲食物等に感染原因物質が混入し、口からの摂取により体内に取り込まれ発症する。毒素は非常に微量でも強い毒性を示すため、水系や飲食物等への散布により食中毒等を発症させることが可能である。

【媒介生物感染】

　マラリア、黄熱病、日本脳炎、発疹チフス、ジカウイルス等が対象で、これらの病原体を保有する蚊、蠅、蚤、鼠、その他害虫に刺される又は咬まれることにより感染する。一般に熱帯・亜熱帯地域で流行していたが、近年海外からの輸入感染症として国内でも注意が必要である。過去、病原体を保菌する蚤を砲弾に充填し生物兵器とすることも考えられていた。

生物剤による感染からの防護

　生物剤による感染からの防護は、感染の原因となる発生源の特定、患者の早期発見と隔離が重要となる。個人の感染予防対策としては、病原体の体内侵入を阻止することであるが、新型コロナウイルスが蔓延した際、マスクを着用する、手指をよく洗浄する、3密（密閉、密集、密接）を避ける、が習慣化されたが、まさにこれが個人で実施可能で有効な生物兵器対応である。

【空気感染対策】

　最も感染力が強い病原体への対応であるため、厳密な管理が必要となる。罹患者は専用病室に隔離し、病室は浄化フィルタを通した排気により陰圧を保つ構造とすることが必要である。患者対応時は、N95以上の高性能のマスクを顔面との間隙がないように密着させて装着し、手袋、ガウン、ゴーグル、フェイスシールド、キャップを装着して全身を防護する。脱衣時には外側に付着した汚染物が皮膚や内側の被服に付着しないよう注意して汚染表面を巻き込むように脱ぎ、汚染された防護衣等を不用意に非汚染区域に持ち込まないよう管理を厳正にする。

【飛沫感染対策】

　罹患者の口から発生する飛沫の吸入を防止するため、サージカルマスクを着用する。罹患者の周辺は飛沫の飛散により病原菌が付着しており、手が汚染されるのを防ぐために手袋を着用する。手は口や鼻、目に触れること

が多く、手が汚染されていると口、鼻および目を通して病原菌が体内に侵入するため、手を清浄に保つことが重要である。また、罹患者の1m以内で対応等する時は、空気感染対策に準じた防護装備を装着する。

【接触感染対策】

　飛沫感染対策と同様、手を清浄に保つことを心がけ、汚染物質が付着する可能性がある場合は、手袋、サージカルマスク、ガウンを着用する。罹患者に接触する器材・寝具等はその患者専用の物を使用し、血液・体液・汚物の厳正な管理に努める。

【担体感染】

　汚染物が付着している可能性がある飲食物は口に入れない。やむをえない場合は、洗浄、消毒、滅菌を徹底し、汚染物質が付着しないよう食品管理を厳正にする。

【媒介生物感染】

　媒介となる病害虫を駆除し衛生環境を整える他、肌を露出させないようにして媒介生物からの刺咬を防止する。蚊、蚤等から刺咬されるのを完全に防止することは困難であるため、媒介生物感染症の流行地域に行く前にワクチンの予防接種を行う。

表3　感染経路別の対策

感染経路	対策
空気感染	罹患者の隔離、病室の空気管理（陰圧、浄化フィルタ） 高性能マスク（N95以上）、手袋 ガウン、ゴーグル、フェイスシールド、キャップを装着
飛沫感染	入念な手洗い、接触部位の清拭 サージカルマスク、手袋 罹患者との1m以内で接触等する時は ガウン、ゴーグル、フェイスシールド、キャップを装着 罹患者との離隔（2m以上）
接触感染	入念な手洗い、接触部位の清拭 手袋、サージカルマスク、ガウンの装着 罹患者に接触する器材・寝具等を専用使用 血液・体液・汚物の厳正な管理
担体感染	担体の洗浄、消毒、滅菌 食品管理
媒介生物感染	病害虫駆除 衛生環境の管理

第4章

放射性物質、放射線の検知とモニタリング

01 放射線の存在を正しく知る

　放射線は、東日本大震災による原子力発電所の事故によりよく耳にするようになった。実は放射線は、通常の生活の中でも医療や非破壊検査、発芽の防止、自然界や宇宙線の到達等、意外と身近な所に存在している。しかしながら放射線は一般に生理的な嫌悪を感じるため、テロにとっては市民に恐怖を与える有力な攻撃手段ともなり得る。

　放射線は視覚、嗅覚等では感じることができないため、その危険性の判断が困難であり、また、実際の危険性よりはるかに大きな心理的な脅威を与えることになる。このため、この目に見えない放射線の存在を知るためには放射線測定器を使用する必要がある。しかしながら、放射線を正しく測定しその危険性を正確に判断することは簡単なことではない。

　放射線測定器は、測定する対象、目的により使用する器材が異なり、また単位も違ってくる。正しい使い方をしなければ当然正しい値を得ることはできない。そして、その測定値の身体におよぼす影響についての正しい知識も必要である。

　放射線が放出されている事故現場に出動することになったファーストレスポンダーがまず知りたいことは、「その現場に行っても大丈夫なのか」である。これには空間線量率計を使用する。単位はSv/h等単位時間当たりの放射線量で、その測定器を持っている人が立っている地点に1時間いると被ばくする線量を表している。注意する点は、あくまでその検知器で測定したその場所だけの放射線強度であるということである。放射線強度は距離

図1　放射線を測定する器材の一例

空間線量率計	表面汚染計	個人線量計
安全管理の目安	汚染の程度の確認	被ばく管理
1時間当たりの被ばく線量 単位：Sv/h, mSv/h, μS/h	1分間に検出した放射線数 単位：cpm、min^{-1}	個人が被ばくした放射線量 単位：Sv、mSv、μSv

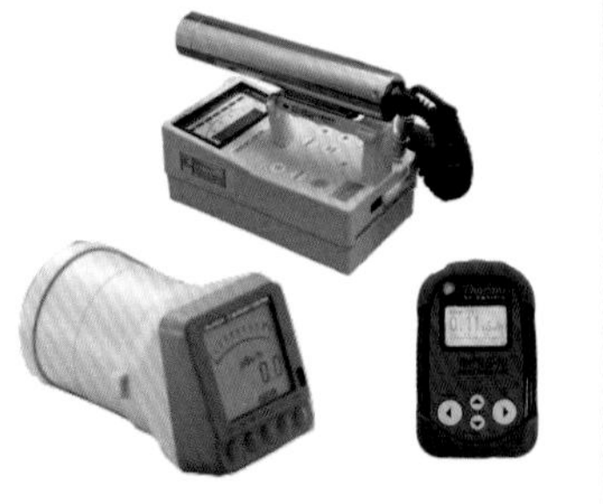

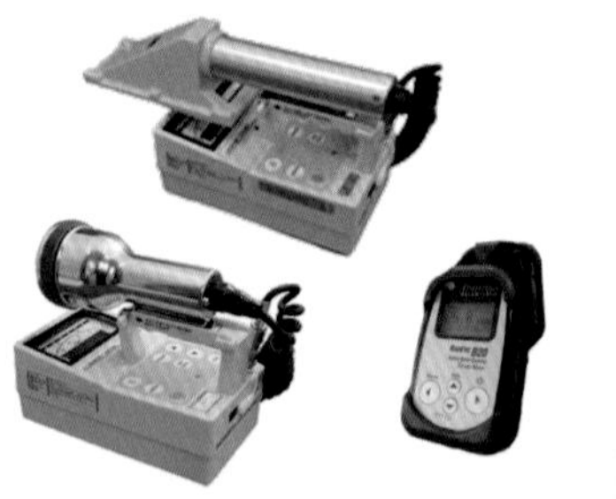

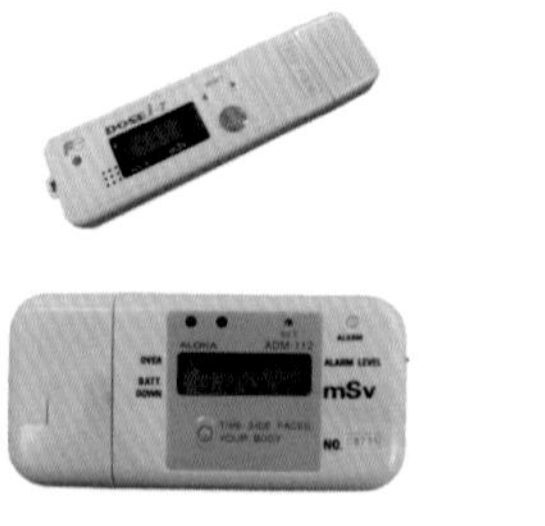

図2　放射線測定をする時の注意事項

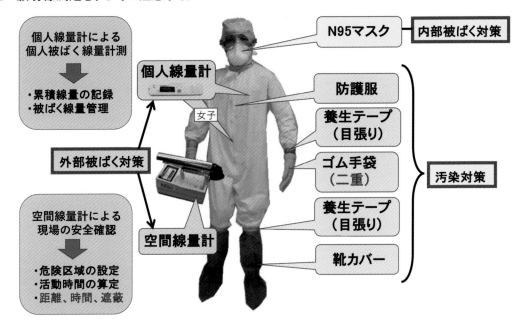

個人線量計による
個人被ばく線量計測

⬇

・累積線量の記録
・被ばく線量管理

外部被ばく対策

空間線量計による
現場の安全確認

⬇

・危険区域の設定
・活動時間の算定
・距離、時間、遮蔽

個人線量計

女子

空間線量計

N95マスク　　内部被ばく対策

防護服

養生テープ
（目張り）

ゴム手袋
（二重）

養生テープ
（目張り）

靴カバー

汚染対策

の2乗に反比例するので、放射線源からの距離が半分になれば4倍の強度、さらに近づけば急激に放射線強度が上昇することになる。したがって活動地域がどのような放射線強度分布になっているかを測定しプロットする必要がある。

　また、表示された数値の補助単位にも注意が必要で、μ（マイクロ）とm（ミリ）を間違えると1000倍の違いとなる。そして、最も重要なことは、表示された数値の意味するところ、つまり身体への影響の度合いを正しく判断することである。

　被災者の救出にあたっては、被災者が放射性物質に汚染されているか否かを確認し、このまま搬送しても良いか、除染をして被ばく

の影響の軽減または汚染の拡大を防止するかの判断が必要になる。この際、表面汚染計を使用し、単位はcpm（min-1）で、付着した放射性物質が1分間に発する放射線の数量を表している。

　ファーストレスポンダー自身が救助活動を通じてどの程度放射線に被ばくしたのかも重要な測定項目である。これには個人線量計を使用し、単位はSvで表す。放射線の存在が予測される現場に進出する場合は、出動準備の段階から個人線量計のスイッチをONにし、全員が胸部（女子は腹部）に装着し、完全に活動が終了するまでの間、個人被ばく線量を測定する必要がある。**（図2）**

02 空間線量の測定

　放射線は致死量に至るほどの大量の被ばくを受けても全く感じることができず、その場での症状はほとんど発症しない。このため測定器を用いるが、放射線測定器は非常に感度が良く、自然界に存在する微量な放射線（B.G.：バックグラウンド）も測定することができる。従って、化学剤の検知のように「ある」「なし」ではなく、どのくらいの強さの放射線が存在するかを確認し、その影響を冷静に判断することが重要になる。

　事故等の初動対応に当たるファーストレスポンダーは、空間線量率を測定する放射線測定器として、シンチレーションサーベイメータと電離箱を主として使用している。シンチレーションサーベイメータは、自然環境に存在する微量な放射線の測定が可能であり、微かな放射線量率の上昇も測定することができるため、異変を察知する際の使用に適しているが、30μSv/h程度の線量率を超える測定では、測定不能となる場合があり不向きである。この程度の線量率では1時間程滞在しても胸部レントゲン検査の被ばく量にも満たないが、測定不能という事はどのくらい強い放射線が存在しているか不明であるので速やか

図3　シンチレーションサーベイメータと電離箱の比較

シンチレーションサーベイメータ		電離箱
B.G.～30μSv/h	B.G.～100mSv/h	1μSv/h～1Sv/h

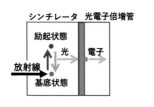

シンチレーションサーベイメータ

◇ 放射線の励起作用を利用した検知方式
◇ 放射線がシンチレータを通過し分子が励起
◇ 励起状態から元の状態に戻る過程で光を放出
◇ この光を光電子倍増管で増幅し電気信号に変換

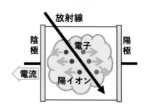

電離箱

◇ 放射線の電離作用を利用した検知方式
◇ 検出器内に不活性ガス等の気体を充填
◇ 放射線により気体分子が陽イオンと電子に電離
◇ 陽イオンと電子が電極に引かれ電気信号に変換

に退避し離隔をしなければならない。一方、電離箱は低線量率の測定には向かないが、数十～数百mSv/h程の人体に影響を及ぼすレベルの放射線強度の測定に適している。最近ではシンチレーション式を採用した空間線量率計で、小型で低線量率から高線量率まで測定可能な器材も販売されている。**（図3）**

　空間線量率の測定器が示す値は、1時間その場所にいた場合の被ばく線量であるため、例えば5分間でその場を離脱すれは、被ばく線量は測定器で示す値の12分の1ということになる。また、活動に伴う被ばく線量限度を10mSvとした場合、現場の放射線量率が1mSv/hであれば、10時間の活動が可能という判断ができる。しかしながら放射線量率は、場所により大きく異なる場合があるので、必ず個人線量計を装着し、活動間に累積された被ばく量の確認も重要である。

　器材の管理としては、電池の有無だけでなく、正確な測定をするために定期的な校正も必要である。

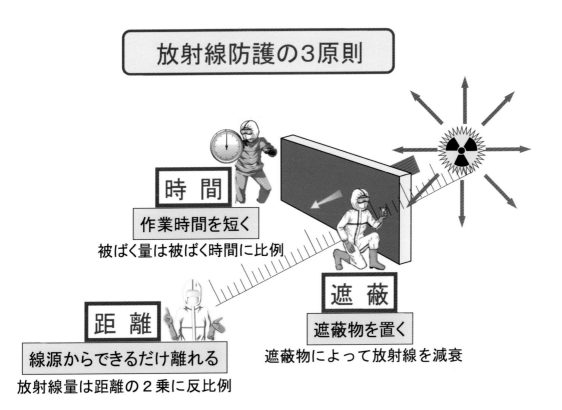

放射線防護の3原則

時　間
作業時間を短く
被ばく量は被ばく時間に比例

距　離
線源からできるだけ離れる
放射線量は距離の2乗に反比例

遮　蔽
遮蔽物を置く
遮蔽物によって放射線を減衰

03 汚染検査

原子力災害や放射線事故・テロ等において、放射性物質が放出・飛散した場合、N95マスクや吸収缶付の防護マスク、空気呼吸器等によりこの放射性物質を体内への取り込まないよう呼吸保護し、内部被ばくを防止する必要がある。また、防護服を装着し、放射性物質が直接身体に付着する汚染を防止する必要がある。

この汚染の有無を確認するのが汚染検査で、被災者の身体や汚染地域に入った隊員の防護服および装具等のどの部分が汚染されているかを正確に把握し、汚染されていた場合、付着した汚染物質を取り除くための除染をしなければならない。この汚染の有無と除染の部位を確認するためには、通常GM式サーベイメータを使用する。この計測器は、β線の数、つまり放射性物質がβ壊変により放出する電子の数を測っている。

汚染検査では、単位として一般にcpm（Count Per Minute）を使用し、1分間当たりの検知器に入射する数で汚染の程度を表している。（1秒間当たりの入射数である［cps］を使用する場合もある。）

汚染検査での注意点として、対象表面から約1cm離した状態で検出器を保持し、時定数（レスポンスタイム）を考慮して毎秒5～6cm程度の非常にゆっくりとした速度で移動させなければならない。これにより、汚染の見落としを防止し、正確に汚染部位を把握するこ

図4　汚染検査実施要領

とが可能となる。また、低線量率の検出では、時定数を長めにとりその時定数に応じて検知器をできるだけ長い時間対象部位にかざすことで低線量率の正確な測定が可能となる。**(図4)**

測定にあたり検知部を測定する表面から1cmの距離まで近づけ測定する必要があるが、誤って汚染面に触れ検知部が汚染されるとその後の測定が困難となるため、測定前に養生（ラップまたはビニールにより検知部を覆う）の処置をする。もし検知部が汚染した場合は、養生を交換することにより容易に除染が可能である。

放射能を表す単位としてBqがあるが、これは放射性物質が1秒間に放出する放射線の数量を表している。汚染の単位としては、1㎠当たりに分布する放射能を表すBq/㎠を使用する。実際の測定にあたっては、cpsの単

位で測定し、その後核種および器材特性に応じた係数を用いて算出するが、自動的に換算しBq/cm²単位として表示する器材もある。

　β線源の汚染検査を実施する器材としてGM管式サーベイメータ、α線源の汚染検査を実施する器材としてZnS（Ag）シンチレーションサーベイメータがある。

　最近では、野外での使用にも適する耐環境性を有し、α線、β線及びγ線等の複数線種の測定も可能で、汚染検査（cpm、Bq/cm²の双方を表示）と空間線量率（Sv/h）の双方を1台で測定できる優れた器材もある。**(図5)**

体表面汚染

エアロゾル、液体、固体の散布、飛散

体表面汚染とは、放射性物質が皮膚や衣類に付着すること。
除染をしないと被ばくし続け、また汚染が拡散するため二次汚染を引き起こす。
吸入すると内部被ばくにつながる。

防護被服による防護

図5　汚染検査器材の一例

器材名(検知方式)	GM管式サーベイメータ	ZnS(Ag)シンチレーションサーベイメータ	RadEye B20J（GM管式）	PM1401K3-S（GM管式＋CsI(Tl)シンチレーション＋LiF/ZnS）
外観				
対象放射線	β(γ)線	α線	α線、β線、γ線	α線、β線、γ線、中性子線
表示単位	cpm	cpm	cpm、cps Bq/cm²、Sv/h	cps、Bq/cm² Bq/kg、Sv/h

04 被ばく管理

放射線を被ばくする可能性がある活動に従事する者は、法令に基づき全員が活動期間を通してどの位の量の放射線を浴びたのかを正確に測定し記録・保管しなければならない。これを「被ばく管理」といい、放射線作業従事者は、5年間で100mSv以下、1年間でも50mSv以下とすることが法令で定められている。また、高線量率の場所での人命救助活動や放射性同位元素が多量に漏れた場合など緊急作業時には、緊急作業従事期間中の被ばくは100mSv以下とされている。このため、放射線被ばくの可能性がある特殊災害への対応では、必ず個人線量計を男性は胸部、女性は腹部に装着し、出動時から測定を開始する必要がある。

この個人線量計には、使用後に読み取り装置等を用いて後から被ばく状況を確認するパッシブ型の線量計と、リアルタイムで被ばく線量を確認できるアクティブ型の線量計がある。

パッシブ型は、電池が不要で環境等の影響を受け難いため、一定期間の積算線量を安定して測定することが可能である。通常この個人線量計は、測定サービス会社より貸与され、1カ月間着用した後に返却することにより、法令に基づくフォーマットで被ばく線量が報告されるため被ばく管理が容易である。一般的なパッシブ型個人線量計の測定原理は、放射線を受けて励起した素子に、特定波長の紫外線や熱を加え、受けた放射線量に比例して発光する光の量を測定することにより、被ばくした放射線量を知ることができる。衝撃に強く、携帯電話等の電磁波の影響を受けないため正確な被ばく管理が可能である。しかしながら読み取り装置が必要であり、リアルタイムの被ばく状況を確認できないため、災害時等の被ばく線量が想定し難いような環境での被ばく管理にはアクティブ型の個人線量計やサーベイメータ等のリアルタイムに被ばく状況を確認できる放射線測定器材を組み合わせて使用することが重要である。(図6)

アクティブ型は、線量を直読でき被ばくの状況をリアルタイムで確認することが可能である。警報機能付きのタイプでは、警報線量を設定することができ、その線量に達した場

図6　個人線量計の一例

パッシブ型			アクティブ型	
蛍光ガラス線量計	熱ルミネッセンス線量計	光刺激ルミネッセンス線量計	Si半導体電子線量計	GM管式電子線量計

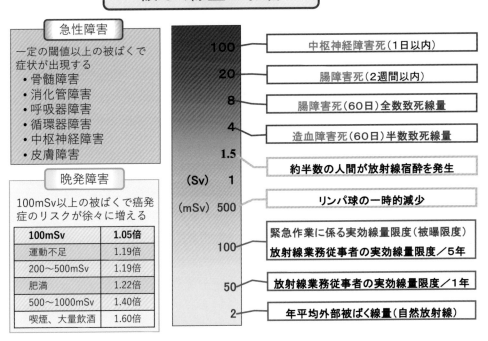

被ばく線量の影響

急性障害

一定の閾値以上の被ばくで症状が出現する
- 骨髄障害
- 消化管障害
- 呼吸器障害
- 循環器障害
- 中枢神経障害
- 皮膚障害

晩発障害

100mSv以上の被ばくで癌発症のリスクが徐々に増える

100mSv	1.05倍
運動不足	1.19倍
200〜500mSv	1.19倍
肥満	1.22倍
500〜1000mSv	1.40倍
喫煙、大量飲酒	1.60倍

（Sv）／（mSv）

- 100 — 中枢神経障害死（1日以内）
- 20 — 腸障害死（2週間以内）
- 8 — 腸障害死（60日）全数致死線量
- 4 — 造血障害死（60日）半数致死線量
- 1.5 — 約半数の人間が放射線宿酔を発生
- 1 — リンパ球の一時的減少
- 500 —
- 100 — 緊急作業に係る実効線量限度（被曝限度）／放射線業務従事者の実効線量限度／5年
- 50 — 放射線業務従事者の実効線量限度／1年
- 2 — 年平均外部被ばく線量（自然放射線）

合、音、光、振動等で警報を発し、退避等の判断を行うことが可能である。従って、災害時等の被ばく線量が想定し難い活動時に適する。一般的なアクティブ型個人線量計の検出方式は、半導体式とGM管式がある。半導体式は、半導体に放射線が入射すると相互作用により電子が発生し、電圧をかけることにより入射した放射線量に応じ発生する電流を測定する。GM管式は、充填された不活性ガス等に入射した放射線の電離作用により発生した電子に対し同様に電圧をかけ電流を測定する。また、アクティブ型は一般に方向特性があり、身体への装着にあたっては感受面を外側に向ける必要がある。これらは電子機器であるため、強い衝撃を加えないよう注意が必要で、壊れた場合被ばく線量の評価が困難となる。また、携帯電話等の電磁波の影響で誤計測する場合があるので、携帯電話を携行する場合、個人用線量計装着位置から離す必要がある。

高線量被ばくの可能性がある特殊災害への対応では、環境影響を受け難くデータ欠損リスクの極めて少ないパッシブ型個人線量計と、リアルタイムの被ばく状況を確認可能で警報機能付きのアクティブ型個人線量計を組み合わせて対応することが理想的である。

05 放射線の基礎知識

量子科学技術研究開発機構　放射線医学研究所　被ばく医療部
富永隆子

放射線の種類と作用

　放射線とは、強力なエネルギーを持った目に見えない光のようなものである。この放射線には、エックス線やガンマ線といった電磁波とアルファ線、ベータ線などの粒子線がある。そして、放射線にはさまざまな性質や作用があるが、放射線の検知に関わる性質としては、電離作用、励起作用が挙げられる**（図7）**。

　放射線は物質を通過するときに、物質と相互作用する。この相互作用を利用して放射線の量を測定する。すなわち放射線の検知である。電離作用とは、放射線が物質中の原子核の電子を外に弾き飛ばす作用である。この電離作用を利用した放射線測定器が電離箱式サーベイメータやGM計数管式サーベイメータである。励起作用を利用した放射線測定器がシンチレーションサーベイメータである。放射線が原子核の電子にエネルギーを与えて、その電子が外側の軌道に飛び移ることを励起という。励起作用とは、不安定な状態（励起状態）から安定な状態（基底状態）に戻るときにエネルギーとして光を放出することである。放射線が入射すると光を発生する物質がシンチレータで、このシンチレータから発せられる微弱な光を光電子倍増管で増幅して電気信号に変換し、放射線を計測する。

　放射線は空気中の原子と衝突しながら次第にエネルギーを失う。アルファ線、ベータ線などの電荷を持った粒子線は、物質を直接電

図7

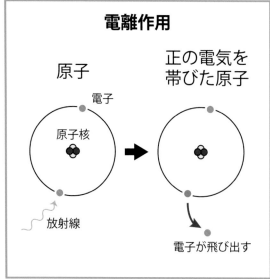

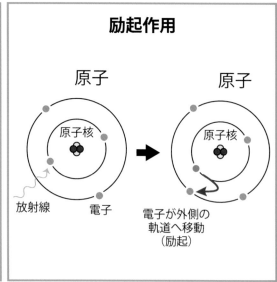

図8　放射線の透過力と遮へい

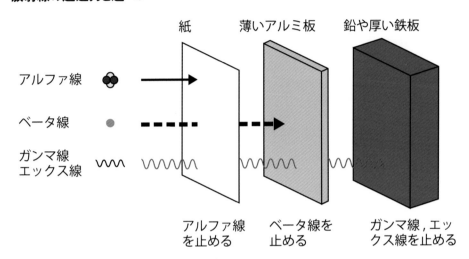

紙　　　　薄いアルミ板　　鉛や厚い鉄板

アルファ線

ベータ線

ガンマ線
エックス線

アルファ線
を止める

ベータ線を
止める

ガンマ線,エッ
クス線を止める

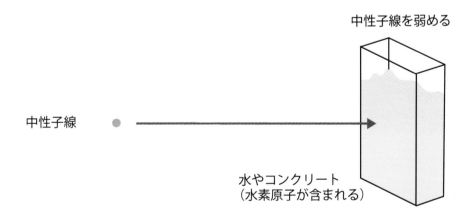

中性子線を弱める

中性子線

水やコンクリート
（水素原子が含まれる）

離する。アルファ線は電離密度が高く、ベータ線などの数百倍の密度の電離を引き起こす。そのため、アルファ線は物質や空気中の原子との相互作用で、電離する量が極めて多く、エネルギーを失いやすい。エネルギーを失った放射線は止まるため、アルファ線は紙1枚で止まり、空気中では数cmしか飛ばないことになる。ベータ線はエネルギーによるが、空気中では数m程度飛び、アクリル（1cm程度）やアルミニウムの板（2~4mm程度）などで止まる**（図8）**。アルファ線やベータ線の検知では、測定する物体と測定器の間に紙やアクリ

図9　距離と遮へい体の検知への影響

距離の違い

遮へい体の存在

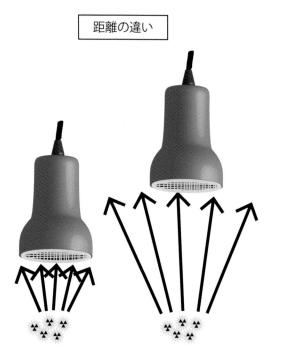

放射性物質（線源）から測定器が離れ
ると検出部に入射する放射線が減り、
放射線の検知が難しくなる。

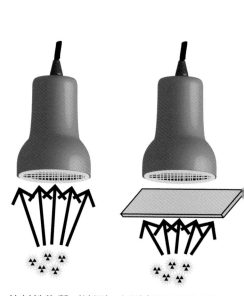

放射性物質（線源）と測定器の間にア
ルミ板などの遮へい体があると、検出
部に放射線が入射せず、放射線が検知
されない。

ル板、アルミ板など放射線を止める物体（遮
へい体）があったり、測定する物体と測定器
の距離が離れていたりすると検知できなくな
る**（図9）**。測定する物体と測定器は離れすぎ
てはいけないし、距離を一定に保って測定す
ることが正確な検知となる。ガンマ線とエッ
クス線はアルファ線やベータ線よりも透過力
が高く、空気中を数十mから数百m飛ぶ。こ

のガンマ線とエックス線は密度の高い鉛や鉄
の厚い板によって止めることができる。電荷
を持たない中性子は、物質を構成する原子核
と直接衝突することでエネルギーを失う。中
性子と質量がほぼ同じである陽子（水素の原
子核）と衝突する場合に最も効果的にエネル
ギーを失うことから、水素を含む水やコンク
リートにより中性子線を弱めることができる。

放射性物質と放射能

　原子は、原子核と電子から成り立ち、原子核は陽子と中性子から構成される。原子核中の陽子の数が原子番号で、原子（元素）の種類は陽子の数、つまり原子番号によって決まる。原子核には陽子の数が同じでも中性子の数が異なる原子がある。陽子の数が等しく、中性子の数が異なる原子を同位元素という。同位元素の中で、放射線を放出する原子を放射性同位元素という。例えば、ヨウ素には、中性子数74個のヨウ素-127と中性子78個のヨウ素-131がある。ヨウ素-131は、ベータ線（電子）とガンマ線を放出して安定状態のキセノン-131となる。このような放射性同位元素を含む物質を放射性物質という。放射性物質には、気体、液体、固体などの形態がある。

　放射性物質が持っている放射線を出す能力を放射能という。放射能の強さは、物質から1秒間あたりに壊変して放射線を放出する数で表す。1秒間に1個の割合で原子が壊変して放射線を放出するとき、その物質の放射能の強さが1ベクレル（Bq）である。放射能は時間と共に徐々に弱くなる。放射線は直接測定することができるが、放射能は直接測ることはできない。放射能を知るには測った放射線を放射能に換算する必要がある。

外部被ばく、内部被ばく、体表面汚染

　人体が放射線を浴びることを放射線被ばくという。被ばくには外部被ばくと内部被ばくがある。

　外部被ばくは体の外から放射線を浴びることで、外部被ばくした体には放射線は残らない（図10）。被ばくする体の範囲で区別すると、体の体幹部のほとんどを被ばくする全身被ば

図10　外部被ばく

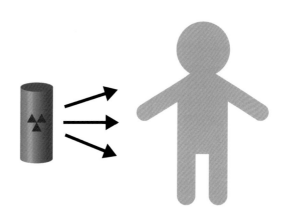

放射性物質（線源）から放出される放射線を体の外から浴びること。
被ばく後、身体には放射線は残らない。

くと体の一部分を被ばくする局所被ばくに分けられる。体の影響としては、被ばくする線量に応じて影響の度合いが異なる。放射線事故の現場での対応としては、この外部被ばくの線量管理が必要となり、そのため個人線量計を使用して、直接、被ばく線量を測定する。

内部被ばくは体内に取り込んだ放射性物質から放射線を浴びることである。体内に取り込む経路としては、呼吸による吸入摂取と、食物等で取り込む経口摂取がある（図11）。体内に取り込んだ放射性物質の種類と量を測る方法にはいくつかある。一つは、体外計測法であり、これは体内の放射性物質が放出する放射線（主にガンマ線）を体の外にある測定器で測る方法である。もう一つは、バイオアッセイ法であり、これは尿や便に排泄された放射性物質の種類と量を測る方法となる。体外計測法では体内に残っている放射性物質の量から、バイオアッセイ法では排泄された放射性物質の量から、それぞれ最初に体内に取り込まれた放射性物質の量を計算し、内部被ばく線量を評価する。

体表面汚染とは、皮膚や頭髪といった体表に放射性物質が付着した状態である（図12）。体表面の放射性物質から放射線が放出されているが、ほとんどの場合は、汚染からは健康影響が発生するほどの外部被ばくをすることない。放射性物質が付着しているので、手などで接触すると接触したところに放射性物質が付着し、汚染が薄くなりつつも広がっていく

図11　内部被ばく

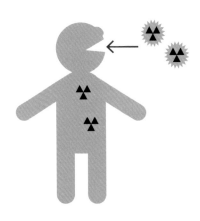

食事や呼吸によって身体に取り込んだ放射性物質からの放射線を体内で浴びること。

図12　体表面汚染

放射性物質（気体、液体、固体、エアロゾルなど）が皮膚や衣類に付着すること。汚染に接触すると汚染は広がる。

第 5 章

検知分野全体の動向

この分野でのキーワードは 3 つある。
それは、ラマン、エアロゾル、そしてウェアラブルである。
その他にも FT-IR や GC-MS、さらにサンプリングなど細かく
挙げていけばきりがないのはもちろんである。

01 「ラマン」について

この20年間における最も大きな変化というのは、実はラマンの出現ではないかと思っている。もちろん、ラマン分光による分析は研究室レベルではもっと古くからあった。しかし、それが警察、消防、自衛隊等の現場で使えるようになったのは21世紀になってからである。陸自化学科には2000年代の初めにファーストディフェンダーが入ってきたのがその端緒である。

米国や欧州の消防等では、ハズマットチームやCBRN担当者が最初に現場で原因物質を明らかにするために、最初に「当たりを付ける」のに使われるのはラマンであることが多い。容器を開封することなくそのまま検知識別できるし、粉体でも液体でもやれるのは魅力である。

我が国でも、先般の白金高輪駅での硫酸事案で使われたのはラマン（ファーストディフェンダー？）であったという。このように、世界レベルでは最初の検知手順のスタンダードになりつつあるラマンであるが、わが国でそれを使う消防は稀である。おそらく、現場に知られていないだけではないかと感じている。価格面でも、LCD3.3とそれほど差はない。

市場には、ラマン分光の原理の器材が多くみられるが、それぞれに一長一短があるのは当然である。その要因は、デザインやアルゴリ

ズム、蛍光による妨害をどう排除するか、混合物への対応など、様々であろう。その中でも、目を引く器材は2つある。

Pendar、SerstechのSharpEye

その第一は、Pendarである。遠隔、あるいはスタンドオフのタイプのものである。2m離れた位置から検知識別が可能であることは、爆発物の検知において防護盾のこちら側から、時には防爆ガラスを通しての検知を可能にする。複数のレーザーの差分を取るという方式は分析精度を上げる。また、目に安全な3Rレーザーを駆使している。同じポイントを2回測定することがないラスタースキャニングにより混合物の検知に強みを発揮し、黒色に近い暗い色調の微妙な物質の検知でも安全性を増すことができる。次の節で様々の器材の対比の中で解説していく。

第二には、スウェーデンのSerstech社を紹介しておきたい。CBRNやHAZMAT関連の業界ではあまり知られていない企業である。

写真は同社ビデオより。
https://www.youtube.com/watch?v=v2vAqiHWolg

そのSharpEyeというオートフォーカス方式と小型で使いやすい機能、デザインは革新的である。独自に表面強化型ラマンキットを開発しており、使い捨ての磁気サンプルインターフェイスで容易にサンプル調整ができる。

ラマンの歴史

　大学時代にこのラマン分光に関する講義を聞いたという記憶はない。もっとも40年前だから当然といえば当然かもしれない。工学部応用化学科だったので、当然のことながら分析化学の講義も実習もあったが、赤外分光光度計とガスクロが全盛の時代だった。だが、ラマン分光法のもとになるラマン効果の歴史は古い。1928年、後にノーベル賞を受賞したインドのRaman博士によって発見された。余談になるが、博士が生まれ育ったインドのこの地方は大変に景色が美しいところらしい。そんな土地からは立派な人物が育つと数学者の藤原正彦氏の本にあった。

　ラマン分光では、散乱光の強度が入射光（励起光）に対して非常に微弱なため、1960年代のレーザーの発明までは、ラマン分光に使えるような光源がなかったらしい。1970年代後半には光学顕微鏡にラマン分光装置を搭載した顕微ラマンが登場し、局所的な分析手段として多分野で使用されるようになったという。だが、地方の国立大学にいた私はそのようなものは見たことがなかった。やがて、80年代

写真はウィキペディアより

に入り、防衛大の研究科で芳香族ポリアミドの研究をしていた時代も、ラマンは見たことがなかった。そのころは、IR（赤外分光）がフーリエ変換によって著しく進歩した時代であり、測定の難しいラマン分光はあまり利用されなかったのだろう。

　ところがその後、デジタルカメラやビデオカメラに使用されるCCDの進歩による検出器の性能向上で、一度に大量のスペクトル分析結果が得られるようになった。大幅な測定時間の短縮が可能となり、分光器の発展により装置も小型化、性能が向上し、前述のIR（赤外分光）と同様に、多くの分野でラマンが注目されるようになった。

ラマンの原理

　光がある物質に入射して分子と衝突すると、その一部は当然散乱される。この散乱光の波長は、その大部分が入射光と同じ波長（レイリ-散乱光）であるが、極わずかに入射光とは異なった波長の光が含まれる。インドのラマン博士は、この入射光と異なった波長をもつ光の振動数が、実はその分子の固有振動数になっていることを発見してラマン効果と名付けた。

ラマン分光法とは、この入射光と異なった波長をもつ光（ラマン散乱光）から、その物質の分子構造や結晶構造などを知る手法である。ただ、歴史でも述べたようにラマン散乱光の強度は、レイリー散乱光の強度に対してわずか10のマイナス6乗程度と極めて微弱である。そこで、周辺技術の進歩により今日の「使えるラマン」の検知器材が出てきたわけである。ここでは、そんなラマンの最近の動向と着目点について解説する。

クリスティーナ・バクスター博士

クリスティーナと初めて会ったのは、ペンタゴンから車で10分ほどのワシントンDC近郊にある小ぎれいな田舎料理レストランだった。当時、彼女は国防総省の中でもテロ対処器材研究開発、調査の中核的なポストにあり、その話は刺激的だった。ただ、その話の全部を理解できたわけではない。彼女の話すスピードは、いわいるマシンガントークそのものであった。日本語で聞いてもほとんど理解できないだろうと思われた。それでも、内容が斬新で日本では知られていない情報に富んでいることはよくわかった。

今回は、そのクリスティーナ・バクスター博士がラマンスペクトル原理の検知器の現状と将来について語ったところも参考にしつつ、我が国でも広く使われるようになった同検知器の技術動向を紹介し、その理解を深める一助としたい。

米国の新たな展開
～スクリーニング、危険物の察知～

ラマンは長い間、実験室レベルの危険物質の分析において、その手法の一つとして使われてきた。だが、この15年ほどのうちに、空港での液体のスクリーニングや危険物の通報への対応、軍のチェックポイントなどで使われるようになった。技術の進歩で、液体爆薬の検知や広い範囲の液体、固体の検知にも使えるようになってきている。まだ、技術的な改善の余地はあるものの、その応用範囲には密閉容器内の物質の検知同定や新たな物質への対応、蛍光などの妨害の排除などが含まれてきている。さらに、痕跡検知やスタンドオフや近接の切り替えでの検知も視野に入るようになった。

このように、ラマンにはたくさんの将来の展望があり、前途には多くの新たな道が開けているように見える。しかし、だれもどの道が行き止まりでどれが正しい順路なのか、その選択をできないでいる。そんな中で、どんな道があってどこに落とし穴があるかについて語れる数少ない専門家がクリスティーナ・バクスター博士なのである。

現在は、危機管理アドバイザーで彼女自身の会社であるTIPSのCEOを努めている。CBRNE関連技術を25年以上見てきた経験を

クリスティーナ・バクスター博士。

持ち、国防総省対テロ技術支援室（CTTSO）
では、国内外のCBRNE関連研究開発の調査、
研究、さらに開発のマネージメントの責任者
でもあった。現在でも、米国の検知システム
関連の政府機関・産業複合体に太いパイプを
持つ。そんな訳で、彼女ならどの道が金の鉱
脈に続いており、またどこで道を間違えれば
ゴミ捨て場に行ってしまうかを教えてくれそ
うである。

現場に出て行くラマン

バクスター博士によれば、ラマン関連企業
がここまで現場検知への応用を広げて来られ
たのは4つの推進力があったからだという。
その4つとは、レーザー、光学機器、検知器、
ソフトウェア技術であり、その大幅な発展が
ラマン分光機器の普及につながっている。そ
して、この分野で大きく変化したポイントは
以下のようなものである。
・ラスタースキャニングのような混合サンプ

ルへの対応技術
・検知限界を下げる表面増強ラマン散乱
（SERS）
・アジレント社（旧コバルト社）がやってい
るような着色容器をも通して分析できる空
間オフセットラマンスペクトロスコピー
（SORS）
・ペンダー社がやっているような空間/スタン
ドオフ検知

そして、これらの技術を組み合わせること
により、さらに大きな変化がこの2年以内に
予想できるという。

なお、ここで「空間」という用語を使って
いるのは、遠隔からの検知ではあるが、その
距離がせいぜい1m以内であることから、従
来のパッシブIRのスタンドオフセンサーの
5kmといったイメージとはかなり異なるためで
ある。

波長を変える

これまでラマンの発展や現場への展開を悩
ませてきたのは、蛍光による干渉の問題であ
った。この蛍光バックグラウンドは、不純物
や分解生成物、残った前駆物質などによって
出てくるもので、TATPやサリン、ヘロイン
などといったまさに測定したい対象物質の検
知測定を困難にする。これを避けるために、
この数年の間で、多くの関連企業は伝統的な

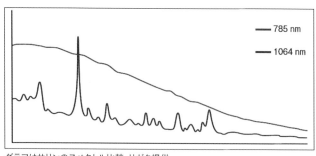

グラフはサリンのスペクトル比較、リガク提供。

写真は、1064nm を使用しているリガク
の ResQ CQL。

785nmレーザーから離れて、さらに長い波長、例えば1064nmへと動いた。

　軍用のサリンは、もともとアミン系の安定剤を含んでいることが多い。貯蔵のコンテナからの妨害物質やその他の不純物も多い。また、少しでも水が残っていると加水分解により中間体に戻る傾向がある。これらは皆、蛍光を出してラマン分光を困難にする。

　ヘロインなどは、不純物や希釈剤、分解生成物などで汚染されていることが多く、これらは強い蛍光を発して、785nmでの測定を困難にする。もともとホームメイドのもので、爆破テロなどに使われるTATPは、不純物を多く含み、サンプルは色がついていることが多く、強い蛍光を発して従来の波長では測定は難しい。

　波長のシフトが可能になったのは、光学技術、レーザー技術、そして検知同定技術の進歩による。歴史的にみれば、これまでの1064nmへのシフトの試みはうまくいかなかった。それは、主にフィールドで使用する際の耐久性の問題に起因するものである。本来は実験台の上におくシステムを現場に持ち出す

際によくある課題であった。

ラマンの進化

　ラマン開発の流れをみると、右図のように波長の変化とともに、その性能も向上してきたことがわかる。

　ここで、我が国で使われているラマン検知器に関する概況をざっくりと把握しておきたいと思う。次ページの表のように、ラマンの特徴である着色サンプルや容器内でそのまま検知できるといった利点が磨かれてきたプロセスがよくわかる。さらに、最近ではスタンドオフでのラマン分析が可能な器材が出現しており、広島のG7サミットの際には、広島市消防局にも装備されるようになった。今後は、初動における便利で迅速確実な検知器材として、消防、警察、自衛隊等に普及が進むであろう。米国に比べれば、ラマンの装備密度は極端に小さい現実がある。さらなる普及にあたっては、その利点の理解を広げるとともに、その価格に見合った器材であることをアピールする必要があろう。

第4世代
【最新世代】
スタンドオフ
ラマン

← 第3世代
830nm搭載
ラマン

← 第2世代
1064nm搭載
ラマン

← 第1世代
785nm搭載
ラマン

	次世代型ラマン （Pendar X10）	第3世代ラマン （830nm搭載ラマン）	第2世代ラマン （1064nm搭載ラマン）	第1世代ラマン （785nm搭載ラマン）
装置	Pendar X10	アジレント（RESOLVE）	リガク（Progeny等）	サーモ （FirstDefender,Geminiなど）
製品画像				
データベース数	6,000検体以上（日本語） ※今年度中に10,000検体以上のライブラリ搭載を計画中	10,000検体以上	10,000検体以上	10,000検体以上
分析時間	5秒～数分	十数秒～数分	十数秒～数分	十数秒～数分
検知下限	%オーダー	%オーダー	%オーダー	%オーダー
たんぱくのスクリーニング	可能	不可能	不可能	不可能
色の付いた試料、及び蛍光を発する試料の分析	大部分が可能 （従来のラマンとは異なる方法により、蛍光の影響を受けずに分析が可能）	大部分が可能 （従来のラマンとは異なる方法により、蛍光の影響を受けずに分析が可能）	一部可能 （785nmのラマンと比べると蛍光の影響を受けにくい）	大部分が不可能 （蛍光の影響を受け良好なスペクトルが得られないことが多い）
半透明の容器中の試料、封筒の中の試料の分析	大部分可能 （従来のラマンとは異なる方法により半透明の容器や褐色容器、封筒中の試料の測定が可能）	大部分可能 （従来のラマンとは異なる方法により半透明の容器や褐色容器、封筒中の試料の測定が可能）	一部可能 （褐色容器中の試料は測定可能だが、封筒中の試料の測定は不可能）	困難/不可能
黒色火薬等の黒いサンプルの測定	可能	不可能	不可能	不可能 レーザーを照射すると発火する可能性あり
アジ化鉛・アジ化銀等の不安定なサンプル	可能	不可能	不可能 レーザーを照射すると爆発する可能性あり	不可能 レーザーを照射すると爆発する可能性あり
水の影響	水の影響を受けない （水を特定することができない）	水の影響を受けない （水を特定することができない）	水の影響を受けない （水を特定することができない）	水の影響を受けない （水を特定することができない）
スタンドオフ分析	可能 （30cmから2m離れた距離から分析することが可能。また、防護盾などの窓越しの分析も可能）	不可能 （数ミリ先のみ測定可能）	不可能 （数ミリ先のみ測定可能）	不可能 （数ミリ先のみ測定可能）
外乱光（太陽光、蛍光灯等）の影響	受けにくい （蛍光灯等の影響は受けないが、直射日光ような強い光源の影響は受ける）	受ける （測定したスペクトルに外乱光によるピークが現われる。外乱光の影響をなくすには遮光が必要）	受ける （測定したスペクトルに外乱光によるピークが現われる。外乱光の影響をなくすには遮光が必要）	受ける （測定したスペクトルに外乱光によるピークが現われる。外乱光の影響をなくすには遮光が必要）
使用者に対する安全措置	不要 （クラス3Rレーザーを搭載。安全保護眼鏡または特別な訓練は不要、また、ラスタースキャンの導入により、爆発性や引火性の試料に対しても分析可能）	必要 （クラス3Bレーザーを使用。レーザーを直接観察することは危険であったり、爆発性の恐れがある試料や引火性のある試料にレーザーを照射すると爆発や発火の恐れがあり注意が必要）	必要 （クラス3Bレーザーを使用。レーザーを直接観察することは危険であったり、爆発性の恐れがある試料や引火性のある試料にレーザーを照射すると爆発や発火の恐れがあり注意が必要）	必要 （クラス3Bレーザーを使用。レーザーを直接観察することは危険であったり、爆発性の恐れがある試料や引火性のある試料にレーザーを照射すると爆発や発火の恐れがあり注意が必要）

図と表は㈱エス・ティ・ジャパン提供

混合物とトレース検知

　ラマンが持つ問題点としては、例えばサンプルの状態にどう対応するかというものもあった。ユーザー側から見て具体的に言えば、混合物をどうやって検知するのかということである。問題は、サンプル自体ではなく、サンプリングポイントが一カ所だけというところにあった。このサンプリングポイントを多くしていけば、混合物はもはや問題とはならない。この解決策の一例がSERS（表面増強ラマン散乱）である。

　バクスター博士は語る。

「トレース（痕跡）検知には2種類ある。目には見えないようなものを検知するという意味合いと、全体の中のほんのわずかなパーセンテージのものを検知するという手法である。後者の全体の中の小さな割合のものを検知する技術として、ペンダー社が使っているラスタースキャニングがある。これは、サンプル中の多くのポイントのスペクトルを収集してその性能の改善を図ろうとするものである。ラスタースキャニングを使うどんなシステムも、一点を見つめるよりも多くのポイントをスキャンすることにより、均一成分でないサンプルでの複数の成分の分析には有利になるという点に立脚している。これにさらに適切なアルゴリズムを付加することにより、ラマンはさらに有効なツールとなって行く」

指紋とライブラリ

　このアルゴリズムが、まさに問題解決のカギとなる。質量分析の技術の場合で

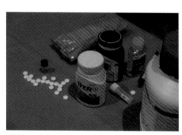
写真は、CBRNeWorldより

も、NIST（National Institute of Standards and Technology:アメリカ国立標準技術研究所）のようなところからライブラリを購入することでその化合物の「指紋」が何なのかの問題が解決することが多くある。ラマンのライブラリは常に開発が続けられており、新たな数学的手法がこれを後押ししている。

　ラマンのライブラリは、その標準スペクトルがどんなラマン器材でも使えるように応用が利くようにできている。少なくとも、これまではそうであった。しかし、新たな技術が出てくると、またライブラリの作成段階まで戻って一から始めざるを得ない。これは表面増強ラマン散乱のスペクトルの場合には特にそうである。さらに、新たな有毒化学剤が出現してきたようなケースでは、ライブラリ作成は高額になるため、それ相応の見返りがない限り、企業は動きたがらない。

　バクスター博士は、この点において近道な

どないことを強調する。

「表面増強ラマン散乱の技術能力は企業によって大きく差がある。それは、どんなアプローチを取るかで決まってきている。そして、今後の5年間で表面増強ラマン散乱技術はさらに桁違いの進歩を遂げるだろう」

スタンドオフと空間的

現段階でスタンドオフの（バクスター博士はこれを「空間的」と呼んでいる。1m程度の離隔のため、スタンドオフというのは無理があるというニュアンスであろう。）ラマンを

写真は、筆者がカナダのCBRNe Convergence CANADAの展示会でペンダーX10を使ってみているところ。中央やや右にサンプル瓶とレーザー照射の赤い点が見える

扱っているのは2社のみである。ミラ社のメトロームとペンダー社のX10である。ミラ社のものは付加的な機能であるが、ペンダー社のX10は本格的で洗練されたスタンドオフである。現状では、30㎝から2mの距離から検知可能だという。

バクスター博士によれば、ミラ社のものについては試験したことがないのでコメントできないが、ペンダー社のX10は市場に出てきた最初でかつ本物の「空間」（スタンドオフ）タイプのラマンであるとしている。そして、しばらくはその競争相手に差をつけたままであろうということらしい。

火薬・爆薬とレーザー

ラマンが出始めの頃に、消防や警察、自衛隊はこの検知器材をみて未知の物質を安全に調べることができる夢の検知器のように思った。私自身も、陸上自衛隊の化学科にいて化学防護車（CBRN偵察車両）の搭載器材としてラマン（ファーストディフェンダー）を導入した当初はそのように見ていた。

しかし、ある種の化合物、例えば火薬や爆薬のような高エネルギー化合物についてはレーザーを当てると反応してしまうことがわかってから、その信頼は完全に失われてしまった。現在では、これを防ぐ最良の手立てはサンプル量を極小にすることだとされている。こうすれば、発熱が起こったとしても最小で

抑えられるからである。しかし、最近の犯罪者やテログループの動向、特にTATPのようなホームメイドの高性能爆薬を多用するような状況からすれば、サンプリングそのものにもリスクがあるかもしれない。麻薬だと思ってレーザーを当ててみたら爆薬だったという事態もありうる。バクスター博士はこれについて、以下のように述べている。

「これは難しい状況である。不審なラボにおいては、一種類だけでなく複数の化合物を製造していることが多い。肉眼では、それがTATPなのか、フェンタニルなのか、あるいはHMTDなのかを見分けることは難しい。これら3つのうちの2つ、TATPとHMTDにおいては、過剰なエネルギーを加えれば大変なことになってしまう」

レーザーパワーの調整が重要である

2017年のCBRNe Convergence（国際会議）において、オクラホマ州立大学のワーグナー博士はトレース検知技術におけるレーザーパワーの調整の重要性について興味深い講演を行った。彼は、爆発物サンプルに過剰なレーザーエネルギーを与えるとどのような危険が伴うかを論じた。この講演は、消防やハズマットチームが密接な距離でサンプル検知を行う場面を想定していた。

しかし、これまでの技術では距離を取るとサンプルからのシグナルが弱まり、安全な距

写真は㈱エス・ティ・ジャパンより

離からの低エネルギーレーザー検知は困難であった。この問題を解決する新技術が登場している。ペンダー社は60㎝から1mの距離での安全な検知識別を可能にしている。これは爆発のリスクを大幅に減少させ、犯罪現場での新しいツールとしての利用が期待されている。

この進歩により、捜査関係者は短時間で多くのサンプルの識別が可能となる。例えば、ベンチ上に残された多数のサンプルから情報をすばやく得ることが可能となる。しかし、バクスター博士はさらなる進歩の必要性を指摘しており、市場が求めているのは多機能なラマンスペクトルではなく、特定の目的に特化した装置の開発と強化であると語っている。

また、ラマンスペクトル技術はハズマットやCBRN関係者だけでなく、法医学分野でも注目されている。米国では最初に消防のハズマットチームがラマン技術を現場に導入し、その後法医学分野での利用が増えている。特

にバクスター博士は、指紋からトレースレベルの物質を検出できる新しいラマン技術の特許がいくつか出されていると指摘している。この研究はメリーランド州エッジウッドの米国陸軍ECBCのファウンテン博士のチームによるもので、ラマン技術の法医学への応用が進められている。

　今後、日本の警察でもラマン技術の導入と積極的な利用が期待されている。この技術の発展と普及が、さらなる安全と効率的な犯罪捜査を実現する可能性がある。

市場分析と挑戦

　市場規模は予想よりも狭く、これが一つの大きな課題となっている。特に開発費の回収や耐久性に関しては、投資の見返りが期待できるかどうかが不確実である。例えば、全米には数千の警察署が存在しているが、それぞれの署が豊富な予算を有しているわけではない。さらに、欧州やオーストラリアのような国々では警察組織の予算配分が異なる可能性がある。

製薬産業から国防への技術転用

　ラマン技術は、製薬産業や医療福祉産業でも非常に有用である。これらの分野では研究開発への予算が巨額で、その市場規模は国防やセキュリティ産業よりも大きいと言える。そして、これらの分野で得られた研究成果を

国防やセキュリティ産業に反映させることが可能である。アジレント社はこの点に注目し、空間オフセットラマン技術（SORS）を開発した。これは不透明な容器や障害物があっても内容物を分析できる技術で、品質管理や危険物の検知などに役立つ革新的な技術である。

容器開封のリスクと革新的な製品例

　SORS技術は、数ミリの厚さの物質を通しても検知が可能で、事前の容器材質の把握や物理的接触などが不要である。これによって、危険物への露出リスクを

写真はアジレント・テクノロジー株式会社の許可を得てホームページより引用

大幅に減少させることができる。また、この技術は複数の測定を組み合わせることで、クリアなスペクトルを得ることが可能である。

　アジレント社の「RESOLVE」はこの技術を活用した製品の一例である。この製品はシステムを小型化し、危険物を開封することなく検知や同定を行うことが可能である。そして、迅速かつ安全な対応が可能である。

別のアプローチ: FT-IRの組み合わせ

　サーモサイエンティフィック社は、異なるアプローチである「ジェミニ」という製品を開発している。これはラマン技術とFT-IR技

写真は、サーモサイエンティック社提供

術を組み合わせたもので、それぞれの技術の利点と欠点を補い合うことで、現場での使用に適した検知器材を提供している。

　現在の技術開発は、コンパクトさと高い堅牢性・操作性を両立させる方向へ進んでいる。特にラマン技術は、効率的な波長使用とレーザーのコントロールによって、現場での使用に適した効果的な検知器材の開発が進んでいる。このような進歩は、今後の市場拡大と利用分野の拡充に寄与することが期待される。

今後の方向性

　現在進行中のラマン技術の革新的進展を概観すると、この市場が向かう先はどのようなものになるかが気になる。バクスター博士の見解によると、市場の進む方向は次のように説明できる：
「近い未来、約3年間で、表面増強ラマン散乱（SERS）やラスタースキャニングといったサンプル分析技術が向上する。さらに、SORS

や空間型（スタンドオフ）ラマン技術の拡張も進行中である。

　ソフトウェアの改善やライブラリの標準化も進んでおり、これによりラマン技術の普及が加速する可能性がある。5年を見越してみれば、ペンダー社やメトロームといった企業に対抗できる企業が現れるであろう。

　さまざまな取り組みも見られるであろう。UGVやUAVへのラマン装置の搭載といった試みも行われる。事実、ペンダー社はすでに馬型ロボットへのラマン搭載を実現している。ロボット技術との組み合わせによって、危険なサンプルから安全な距離を保つことが可能となる。10年以内には、超小型ドローンに搭載可能なラマンも出現するであろう」

普及とバイオ検知

　ラマンの検知器と初めて接したのは、陸自の化学学校で教育部長を務めていた15年前である。フラスコに対して使うだけで、中身がサリンなのか、水なのか、エタノールなのかを瞬時に識別できるその能力には、その時点で魅力を感じた。煩雑なサンプリングやGC-MS分析は必要ない。今日、外部から容器内の化学物質を迅速に識別できる。

　時が経過し、ラマン技術はさらなる進化を遂げている。色のついた容器に入った物質であっても迅速に分析可能であり、爆発物の検知においてもリスクを軽減し、極微量の混合

EXTEND YOUR REACH
Measure though enclosures
and fume hoods

写真は Pendar社提供

物さえも検出できるようになった。

　数年内には地方の消防や警察でもラマン技術が一般的に利用される時代が訪れるだろう。その前にさらなる低コスト化が進むことを期待している。

　興味深いことに、米軍ではバイオ検知の分野でラマン技術の利用が進んでいるという話がある。これは信じがたい展開であるが、実現する可能性は高い。いくつかの毒素、例えばリシンやアブリンに関して、ラマン検知器で良好なシグナルが取得できるという。そしてトレースレベルのサンプルに関しても、研究が進行中である。

02 革新的技術の紹介
超小型質量分析計MX908、ウェアラブル、スタンドオフ

英国やシベリアで、ノビチョクという化学物質が過去に数回使用された事例がある。日本においても、ノビチョクの使用を検知できるかどうかは、多くの専門家や関係者にとって関心の焦点となっている。ここで紹介するMX908は、この分野で高い注目を集めている装置である。

MX908は、超小型の質量分析計として認識され、化学剤や有害産業物質、爆発物、違法薬物といった多岐にわたる物質を短時間で検出可能である。米国では軍や警察、消防といった部門で多数が利用されており、日本でも導入が期待されている。

その進化と多岐にわたる利用について

およそ30〜40年前、質量分析計はテニスコートほどの大きさを要し、高い真空環境が必要であった。しかし現在ではMX908のような超小型で高精度な装置が開発された。これは低真空質量分析法、すなわち「高圧型」技術の進歩が功を奏し、多くの研究と開発が行われた結果である。

MX908は現場でサンプルの形状に応じたガス分析やトレース分析を行え、多様な脅威に対応可能な幅広い機能を提供できる。また、この装置はいくつかの検知器や分析器具の代替となり得るものであり、操作者の負担を大きく減少させる。

高感度な検出技術について

MX908は多種多様な有害化学物質を極微量レベルで検知・識別できる能力を備えている。これには、化学剤（サリンやVXなど）、有害産業物質、爆発物、違法薬物、新型化学物質（ノビチョクやAシリーズなど）が含まれる。

エアロゾルとその検知について

近年、エアロゾルに関する議論が増えてきた。ダイヤモンドプリンセス号におけるコロナウイルスの感染経路が主にエアロゾルによるものと確認された例が挙げられる。ノビチョクのような第四世代化学兵器でも、エアロゾルが関与するケースがある。

この背景から、CBRN検知チーム（化学、生物、放射能、核物質の検知チーム）にとって、エアロゾルの迅速な検知は非常に重要である。MX908はこのニーズに対応し、2021年からエアロゾル用のアタッチメントが付属される

ようになった。これにより、フェンタニルのエアロゾルサンプル等が空中に漂うのを検知・識別できるようになった。つまり、真空の必要がない野外の現場で使える。

小型デバイスへ進化

MX908は、かつて大規模な空間を占めていた質量分析計を、現場で利用可能な小型デバイスへと変革する革新的技術を提供している。

このデバイスは、複雑な検知プロセスを大幅に単純化し、多様な有害物質の効率的な検知と識別を可能にする。この進歩は、安全と保護の分野における新たな時代を示唆している。

写真は㈱エス・ティ・ジャパン提供

XM908の活用：催涙スプレーの痕跡検出

ここでは、質量分析器XM908の特徴的な活用方法として、催涙スプレーの痕跡検出に焦点を当てたい。XM908を利用すれば、異臭事件の被害者のメガネに付着した微量のカプサイシン成分も検知・識別することが可能となり、この進歩は、異臭事件の解決や証明に非常に貢献できるとされている。

一般的に、鉄道車両や駅での異臭事件の大

㈱エス・ティ・ジャパン提供のXM908の画像

部分は催涙スプレーに起因する可能性があり、これまで立証が困難だったこのような事件に対して、XM908は被害者のメガネから僅かなサンプルを取得し、カプサイシン成分を分析する方法を提供している。さらに、この装置は、マスタードガスやVXといった難揮発性化学物質の除染の完了を確認するための検証ツールとしても活用可能であると言われている。同様に、これなら除染効果の確認、すなわちマスタードやVXのような難揮発性の化学剤の除染が完了していることの検証にも使えるという意見もある。

ウェアラブル技術の進歩

近年、小型検知器とセンサーの開発に向けた投資が徐々に成果を上げており、例として、国土安全保障省が進める合成麻薬蒸気検知プ

CBRNe World提供のウェアラブル
センサーの画像

たチップタイプのケムバッジであり、このセンサーは半導体と光触媒のハイブリッド型技術を使用し、多数の選択性を持つガスセンサーを一つのチップに統合しており、これにより、リアルタイムで軍用化学剤や産業毒物、環境中の有害物質を検知し警報を発することが可能である。この技術は拡張性が高く、化学剤の検知範囲を増やすことができる。

スタンドオフセンサーとFalcon 4G

　文字通り、遠隔地から化学剤の有無と種類の判定が可能なのが「スタンドオフ」のセンサーである。日本で開催されたラグビーワールドカップ2019ではこれが使用され、リオデジャネイロ・オリンピック2016でもスタジアムや周辺地域の監視にSIGIS Ⅱが使われていた。陸自化学科のOBとしては、これを持つ

ロジェクトは、現在最終試験と実用化の段階に達している。同様に、国防総省の前線でも、超小型蒸気化学剤検知プロジェクトがJPEO-CBRNによって推進されている。

　このプロジェクトには、ハミルトン・サンドストランド、テレダイン・FLIR、N5センサーズ、およびGEの４社が開発資金を獲得しており、それぞれがウェアラブルセンサーの研究開発を進めており、これらのセンサーは軍や消防、警察での使用が見込まれ、ガスや酸素濃度をリアルタイムで検知・識別できる機能を備えている。

　特に注目すべきは、N5センサーズが開発し

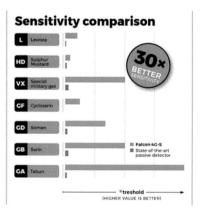

従来のパッシブのスタンドオフセンターと比較して
アクティブ方式のFalcon4Gはその感度が30倍

SEC展示パネルの画像

の場所を推定する機能も搭載しているという。

　その感度は最新型のパッシブタイプの30倍と明記されている。これは野外試験でのデータで、自動スキャンモードを用いれば、広範囲のスキャンを最小限の運用体制で構築可能である。このあたりの長所が、日本の関係者に理解されていないのではないか。

のが長年の夢であったが、今では中央特殊武器防護隊にドイツ製のRAPIDが装備されている。

　これまで主流だったパッシブ方式のセンサーは技術的なハードルが高く、アクティブ方式の開発が進まなかったが、最近ではスロバキアのSECテクノロジーズ社が開発したスタンドオフ型化学物質検知器Falcon 4Gが登場した。

　これはレーザー技術を活用したアクティブ方式の装置で、5km以上離れた場所からの化学物質の有無と種類の判定を可能としており、低消費電力で広範囲のスキャンを効率的に行うことができる。サリン等の神経ガス以外にも、シアン化合物をはじめとする他の有毒ガスにも対応が可能なのは当然である。また、生物剤（ウイルス等）が散布された場合には、そ

03 CBRNテロ現場での "サンプリング"とその重要性

寄稿：松原泰孝

CBRNテロ対策訓練の一般的なシーン

皆さんは、CBRNテロ現場での「サンプリング」という言葉から一体どのようなことを連想されるであろうか。1995年の地下鉄サリン事件以降、日本の警察や消防、自衛隊はCBRNテロに効果的に対処できるようにと訓練を積んできた。これが功を奏して、最近では多くの自治体でこれらの組織がCBRNテロ対策訓練を行っている。

筆者も以前は中央特殊武器防護隊の隊長として、そして現職でもCBRN災害対策訓練を視察することがある。通常、訓練は以下のようなシーンから始まる。

"最初に警察官が報告し、その後CBRN対策部隊が現場に到着する。そして、専門の装備を身につけて、災害現場の範囲確定、危険物の検出、被災者の救助と搬送、除染エリアの設定などが行われる。"

訓練の最中、警察官が特殊な防護服を着て、犯行に使われたと思われる物資を特定の容器に収集するシーンもある。そして、訓練は汚染地域の除染作業で終了する。

しかし、筆者はここで一つの大きな疑問を持っている。彼らが収集したサンプルは、訓練後どのように利用されるのだろうか？

テレビドラマなどでよく見かける殺人事件の現場では、鑑識官が足跡や指紋などの証拠をていねいに収集するシーンが描かれる。しかし、CBRNテロ対策訓練では、このような詳細な捜査は見られない。一般的には、CBRNテロの現場での捜査は必要ないと思われがちだが、これは本当に正しいのか？

本節では、CBRNテロにおけるサンプリングに焦点を当て、日本の対応策に存在する問題点を明らかにする。さらに、米軍の教える具体的なサンプリング方法も紹介する。特に、「Chain of Custody（チェーン・オブ・カスタディ）」という重要なコンセプトと、CBRNフォレンジックスの取り組みについて説明し、最終的には、CBRNテロ対策時のサンプリングの改善点を提案し、今後の取り組みに期待を寄せる。

サンプリング（試料採取）の目的

NBCテロ対策会議幹事会によって策定された「NBCテロその他大量殺傷型テロ対処現地関係機関連携モデル（通称、NBCテロ対処連携モデル）」ガイドラインにおいて「サンプリング（試料採取）」につい言及されている。また、CBRN（化学、生物、放射線、核）テロ事件に対応するための行動プランを示している。多くの対処チームはこのガイドラインに従い、サンプリングを行って、原因物質を特定して分析機関に送るというプロセスを遵守している。しかし、このガイドラインには、サンプリングの本来の目的や各機関がどのように協力するべきかに関する詳細な情報が不

足している。

[ガイドラインのポイント]

・現場で原因物質の特定を追求する（どのような物質が使用されたかを特定する）
警察官が現場にいる場合、彼らが試料を採取し、警察や依頼された機関が分析を行う（警察の役割とその関与する機関の役割）

・試料の運送と保健所職員の役割（しかし、彼らがこの役割を果たせるかは疑問である）

・サンプリングの主目的は分析結果を共有し、その情報を医療現場で活用すること＝被害極限。

CBRN テロ事件における法的な証明の問題点

2018年、イギリスのソールズベリーにおいて一連の悲劇的な事件が発生した。初めに、元ロシア軍情報将校であるセルゲイ・スクリパリ氏が新しい化学物質ノビチョクによる暗殺の犠牲となったとされるが、これがロシア政府の仕業であるとの推測が存在する。3カ月後には、ある女性がノビチョクが含まれた香水瓶を拾い、香水と誤認して使用した結果、重傷を負った。

これに関してロシア政府は一貫して関与を否定し、いくつかの異論を提示している。ロシア政府は以下の主張を行っている。

1）犯行は他の国や組織（例えば米国、イギリス、ウクライナ）が行ったものである。

2）使用された化学物質はノビチョクではなくNATOが合成したものである。

3）事件は化学テロ攻撃ではなく、イギリスがブレクジットから国民の関心を逸らすため、またはNATOが予算を正当化するために仕組んだものである。

ロシア政府は、このような情報を西側メディアに積極的に流して自国に有利なストーリーを構築しようとしていると見られる。情報戦の中で化学兵器禁止機関（OPCW）の公正なサンプリングと分析が重要な役割を果たし、犯行の実行者やその背後にある動機を解明しようとしている。ただし、いくつかのケースでは、事件が国家主導であると完全に証明するまでには至っていない。

CBRNテロ事件で法的な証明が困難である最たる例である。現行の協力モデルや訓練はテロ行為の背後にある目的や実行者を特定するのに十分ではないと考えられる。また、CBRN関連の情報や偽情報が国境を超えて流布し、国際関係に影響を与える可能性がある。故に、法的証明が重要になる。シリア政府とロシア政府のケース、そしてイギリスのソールズベリー事件をみても、証拠の収集と分析が重要である。

CBRN（化学、生物、放射線、核）事件への対応においては、人命救助と並行して犯罪に関連する証拠の保全が不可欠である。関係

者は、これら二つの重要なタスクをどのように進行させるかを具体的に理解し、訓練を通じて効果的な対応が可能となるよう準備しなければならない。これまでに、各地方自治体の消防機関は大規模災害時の人命救助に焦点を当ててきたが、CBRN環境下における「証拠保全のためのサンプリング」という別の重要な活動についても運用モデルの再検討が求められている時期であると言えよう。

「Chain of Custody」の重要性 ～法的立証性を高める サンプリングの手法～

　この節では、サンプリングの際の法的立証性を確保するための重要な手順、すなわち「Chain of Custody」（管理の連鎖）について論じる。この用語は、CBRN対応分野、特に現場の隊員にはそれほど馴染みがないかもしれない。オンラインで調査すると、米国立標準技術研究所（NIST）のページが表示される。NISTによれば、「管理の連鎖」は主にコンピュータセキュリティの基準であるSP800に記され、「証拠の取り扱い、収集や転送の日時と目的をドキュメント化し、その証拠の動きを追跡するプロセス」と定義されている。この用語は日本語で「管理の連鎖」や「証拠保全」とも訳され、主にデジタルフォレンジックの分野で用いられる。特にサイバーセキュリティの分野では、電子証拠が法廷で有効とされるよう、その取り扱いの全プロセスが厳格に管理される。

　この「管理の連鎖」の原則をCBRNテロ事件の現場で採取する原因物質のサンプリングにも適用することが提案されている。具体的には、CBRNによる危険な地域（ホットゾーン）でサンプリングが開始される時点から、分析が完了し結果が得られ、最終的に廃棄されるまでの一貫したプロセス管理を行うこととなる。それは「サンプルの採取方法（誰が、いつ、どのように、どれだけ、何を採取したか）が記録され、そのサンプルが適切に管理され、研究所へ運ばれ、分析され、廃棄されるまでのプロセスが時系列で記録されること」を国際標準として導入するということである。

　次に、米陸軍の公開マニュアル「Multi-Service Tactics, Techniques, and Procedures for Chemical, Biological, Radiological, and Nuclear Reconnaissance and Surveillance」の第6章「試料管理」に記載されたCBRNサンプルの採取手順の概要を紹介する。このマニュアルは米陸軍だけではなく、海軍、空軍、海兵隊も利用しており、米軍のスタンダードとなっている。陸上自衛隊の中央特殊武器防護隊も積極的にこれを訓練に取り入れているほか、NATO加盟国の軍隊も「STANAG」と呼ばれる規格書に準じて使用していることから、「国際標準」と言えるかもしれない。

米軍教範に基づくChain of Custody採用のサンプリング要領と手順

CBRN脅威や危険性を分析・特定する際、質の高いサンプル採取が極めて重要である。理想的なCBRN物質のサンプリングは、目的に適したサンプル量を迅速かつ安全に採取し、無汚染の状態で保持しながら安定した状態で分析機関へ輸送することが要求される。これを実行することで、信頼性の高い分析結果が得られると考えられる。

CBRN物質は非常に危険で不安定な特性を持ち、わずかな量で人体に致命的な症状を急速に引き起こすことがある。外部環境では化学剤や生物剤の揮発や分解が進行するため、長期間の保存は困難である。このため、CBRN汚染現場での大量サンプリングは現実的には困難であり、高レベルの防護措置と時間的制約が存在する。

したがって、サンプリングは管理（Management）が非常に重要であり、米軍教範では"Sample Management"として詳述されている。基本的な考え方は次の3点である。

- サンプル採取の計画策定
- 収集の優先順位の明確化
- 最も重要かつ優先度の高いサンプルを最初に採取する

ここで最も重要なのは、「サンプルの完全性（integrity）」を十分に反映させた現場の状況把握である。

CBRN物質の採取に従事する隊員は、高い防護レベル（例：PPEレベルA防護服）を必要とする。これは視界が限られ、動きが制限される状態で、手袋の取り扱いが困難となり、酸素ボンベの残量を常に気にしなければならない状態を示す。このような条件下でも、短時間で正確なサンプル採取を行う技術が求められる。

米軍ではサンプル管理を効果的に行うために、Theater Sample Manager（戦域サンプル管理責任者）を任命する。これをCBRNテロ現場に適用すると、事案発生地の自治体がサンプル管理責任者を指名することになる。この責任者は以下の役割を果たすことが推奨される。

- サンプル採取計画の作成
- Chain of Custodyの保証
- プロセス間の安全確保に関する共通ガイドラインの指示
- 分析結果の報告

サンプル管理責任者はプロセス全体に責任を負い、具体的な採取技術に関しては専用マニュアルを参照することが推奨される。CBRNテロ事件は状況によって異なるため、画一的

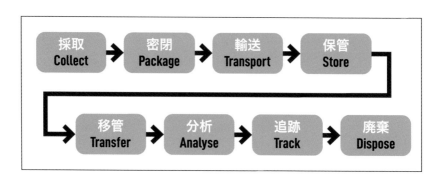

な計画の作成は不可能である。そのため、事件後の初期現場確認結果に基づき、サンプリング活動の関係者間で認識を統一し、適切なサンプル採取計画を速やかに策定し実行することが重要である。また、サンプリング目的を明確にしておくことで、必要なサンプルの種類や量、実施者の安全確保方法などを具体的に決定することができる。

さらなる情報と具体的な採取手法に関しては、マニュアルを参照されたい。

I.ディスクリート法

通常、土壌サンプルの採取の際に適用し、特定のエリアから複数かつ同じ量のサンプルを別々にかつ定期的に採取する方法。化学剤などの液体が特定のエリアに飛び散っているような場合のサンプル採取に適しており、汚染の場所を正確に描写することができる。

[表1] サンプル採取量の一例

化学剤サンプル		
試料	サイズ、量	注意点
土壌	10×5×1㎝	深く採取するよりも面積を広くとる方が有効
液状の化学剤	50mL	なし
溶液	10mL	深さは水と化学剤の表面張力の状態により決定
水	50mL（上限）	深さは水と化学剤の表面張力の状態により決定
植生	葉を3枚	汚染源から最も近い地点が有効
生物剤サンプル		
試料	サイズ、量	注意点
土壌	10×5×1㎝	深く採取するよりも面積を広くとる方が有効
液体	25～50mL	なし
植生	清涼飲料水の缶の大きさ	汚染源から最も近い地点が有効
放射性物質サンプル		
試料	サイズ、量	注意点
水	1～4L	水源の表層か排水から採取
	1～4L	飲料水から採取
土壌	2kg（約1m×1m×8cm）	γ線＋αまたはβ線源の総数
	100g	α線源またはβ線源の総数

（米軍教範 付属書HのTable H-8. Recommended sample collection sizes を筆者が和訳、加筆）

[表2]サンプル採取における編成と役割

編成	役割
採取責任者 （リーダー）	・試料採取の全般統制と訓練 ・サンプル採取キットの維持統制 ・サンプル採取ログの記録・保管 ・映像による収集活動記録（写真、ビデオ録画） ・試料採取の質の保証と統制
採取者 （サンプラー）	・サンプル採取に必要な器具の特定と補助者への伝達 ・サンプルの採取、補助者から渡されたパラフィルムによるキャップの密封 ・補助者が持つ耐性ジプロックへの封入 ・1サンプルごとのニトリル手袋の除染と交換
採取補助者 （アシスタント）	・サンプラーが試料採取に必要な器具の準備 ・試料採取器具のサンプラーへの受け渡し ・アシスタントは自らが汚染しない状態をできる限り追求し、サンプラーに渡した器具を取り戻したり、試料に接触した可能性のある部位やサンプラーには決して触れてはならない。

II. 複合法

　特定の地域において複数のサンプルを採取する際、土壌サンプルや危険物質そのものなど様々な状態のサンプルを採取する方法であり、汚染されているかどうかにかかわらず土壌の汚染を正確に把握するのに適した方法である。

III. つかみ取り法

　基本的で推奨される方法であり、一つの場所で一つのサンプルを採取する際に適している。特に得られたサンプルが法的な証拠として求められる場合に最も望ましい手法である。

IV. 表面拭き取り法

　汚染表面を拭き取りによってサンプルを採取する方法であり、サンプル採取に適用が認められている材料（スワブ、布、テープ、吸引など）により表面から採取する手法である。

【サンプル採取の編成】

　サンプル採取の編成は3名が望ましいが、2名でも可能である。[表2]に3名で試料採取する場合のそれぞれの役割について取りまとめている。仮に2人で行う場合は、サンプル採取の方法、採取間の安全確保、必要な書類の作成について一つひとつ確認しながら焦らずに行う必要があるため、3名で実施するよりも時間がかかってしまうことに注意が必要である。

【サンプル採取器材の一例】

　サンプル採取に必要な器材は使いやすいようにまとめておくとよい。陸上自衛隊中央特殊武器防護隊がCBRNテロ対処用として紹介していたサンプル採取器具の一例が現場で使用しやすいようにまとめられているので、

【図1】をぜひ参考にしてもらいたい。ＣＢＲＮ汚染地域に高い防護レベルで進入するため、細かい機器をばらばらに持っていくよりむしろ、【図2】のようにできるだけ一つにまとめ、現場で広げるだけで必要な器具を目視しやすくかつ取りやすくしておくと、アシスタントが素早く器具を準備することができるだろう。

【サンプル採取の優先順位と採取量（推奨値）】

サンプル採取における一般的な優先順位を【図3】に示す。

採取するサンプルの種類は気体、液体、土壌、植生の他に、例えばカーペットの切片、オフィス機器、疑わしい物質が入っている容器そのものなど千差万別であるが、汚染物質が付着しているからといって、なんでもかんでもサンプルとして持ち帰ることは避けるべきであろう。やはり、事前に優先順位を決めておき、真に必要でかつ安全に輸送可能なサンプルから採取するようにした方が良い。

分かりやすい一例を示すと、筆者が見学したＣＢＲＮテロ対処訓練では、レベルＣの防護服を着た隊員が、現場に残されていた汚染物質が付着した約60㎝長の傘を透明ビニール袋（おそらく家庭用のごみ袋）に回収し、汚染地域からコールドゾーンまで持ち帰っていた様子を見て、大変驚きを感じた。

ＣＢＲＮ対処の専門家の方であればぜひ想像してほしい。「この後、誰がどのように分析機関まで持っていくのだろうか？」と。完全な密封が難しい家庭用のビニール袋にサンプルを入れた場合、有害な気体の漏洩や液体の浸潤による漏出が心配されるし、もし放射性物質が付着していれば、ビニール袋など被爆防護にはなんの役にも立たない。

また、仮に袋に入れた傘を輸送できたとして、分析機関ではドラフトチャンバー内で傘を袋から取り出し、付着している有害物質を分析機器にかけられるよう更にサンプリングして分析することになるだろう。生物・化学系の理工学大学を卒業された方ならわかるかもしれないが、一般的な分析機関にあるドラフトチャンバーはそれほど大きくないので、大物のサンプルの取り扱いには限りがある。そうすると、分析をする建物内の安全を確保できないという理由で分析機関が受け入れを拒否するかもしれない。サンプリングの任務をもらった隊員は、こうしたことも想像し、

[図3]サンプル採取における一般的な優先順位

優先順位1	疑わしい剤そのもの（ドラム缶、管、製造工程の最終生成物)と運搬手段
優先順位2	ＣＢＲＮ事案が発生した地域の環境サンプル（土壌、液体、植生、気体）
優先順位3	ＣＢＲＮ汚染を防止する材料（解毒剤キットや除染器材、検知器、防護服など）

[図1]サンプル採取現場に持っていく器具の一例

一連番号	器具の名称
①	汚染拡散防止シート
②	表示用机上札
③	回転灯
④	除染スプレー
⑤	試料採取シート
⑥	吸水シート
⑦	吸水スポンジ
⑧	封印シール
⑨	パラフィルム
⑩	ごみ袋
⑪	脱脂綿
⑫	ピンセット（プラスチック製）
⑬	ピンセット（金属製）
⑭	検知紙
⑮	ヘラ・フィルム
⑯	証拠保全補助資料
⑰	スポイト
⑱	コニカルチューブ
⑲	はさみ
⑳	小型シャベル
㉑	ニトリル手袋（パウダーフリー）

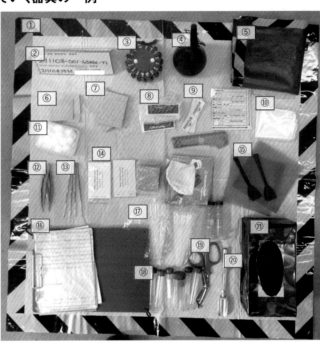

[図2]サンプリングの現場で展開し軽易に取り出せるようにしたセットの一例

一連番号	器具の名称
㉒	敷シート
㉓	耐性ジプロック（片面透明）25×18cm
㉔	耐性ジプロック（片面透明）20×12cm
㉕	コニカルチューブ（50ml）
㉖	コニカルチューブ（50ml）バッファー溶液入り
㉗	コニカルチューブ（15ml）
㉘	封印シール
㉙	パラフィルム

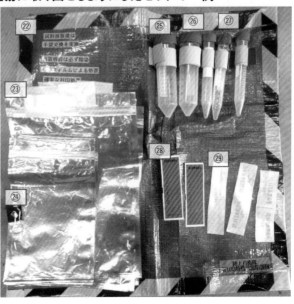

[図4]試料採取補助資料

（米軍教範　DD Form 3108を元に筆者が和訳、加工）

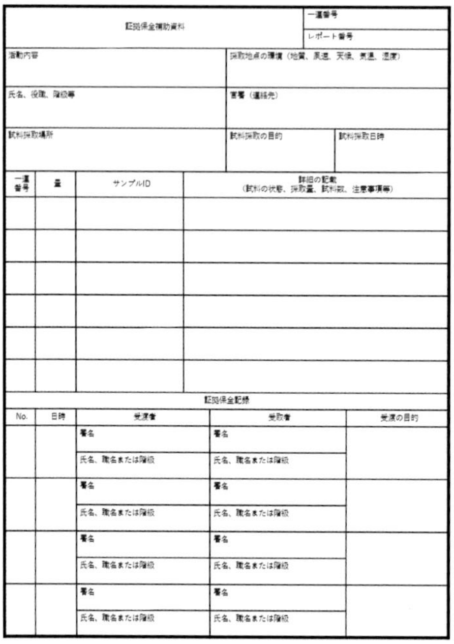

（表面）

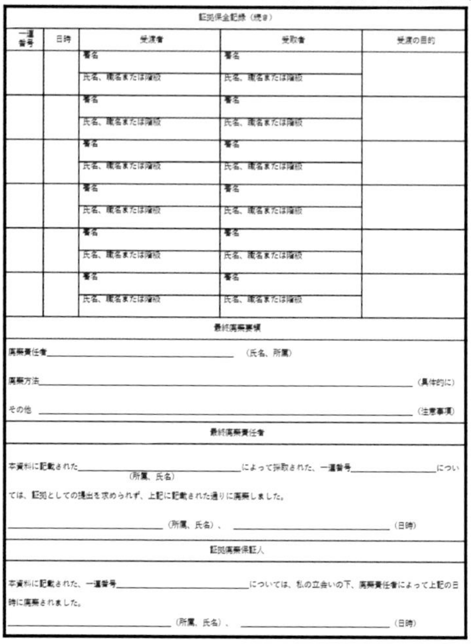

（裏面）

[表3]サンプリングの手順

（米軍マニュアル 付属書HのH-40項を元に著者が和訳、加筆 ）

ステップ	適用
1	採取補助者はサンプリングに必要な器具をすべて取り出し、展開する。
2	採取補助者は、採取者が受け取りやすいように注射器の包装を開く。
3	採取者は、包装から注射器を取り出し、液体サンプルを液体の表層部から採取する。
4、5	採取補助者は、サンプルを入れる容器を取り出し、容器の外袋を開いて付属している識別用ラベルの 一 つを採取責任者に渡し、もう 一 つの識別用ラベルをサンプルコンテナに張り付ける。
6	採取責任者はサンプルコンテナの識別番号が容器の外側についている識別番号と 一 致していることを確認し、サンプル番号の入ったラベルをサンプルログノートに張り付けると同時に、サンプルログノートに情報を書き込む。
7	採取補助者はサンプル容器の蓋を開き、採取者に向ける。
8	採取者は、収集した液体をサンプル容器の中に注入し、できる限りサンプル容器 一 杯に満たすようにする。この際、サンプルが揮発しないよう、サンプル容器の上部に空間を作らないようにする。 採取責任者は写真やビデオ等で映像を記録する。
9、10	採取補助者はサンプル容器のキャップを固く締め、除染用拭き取り綿を開封して採取者に渡す。
11	採取者はサンプル容器の外側を拭き取りによって除染する。
12	採取補助者はパラフィルムを適切な長さに切り取って採取者に渡す。
13、14	採取者は受け取ったパラフィルムをサンプル容器のキャップの周りに張り付けてコンテナを密封し、採取補助者によって準備された2つ目の容器に入れる。
15	採取補助者は二つ目の容器の蓋を固く締めて、キャップと容器に跨るように封印テープを張り付け（もし蓋が開封されたら封印テープが確実に破けるようにする。）、サンプル輸送用バッグに入れる。
16	使用した手袋や器材はすべて廃棄する。

理解して取り組まなければならないのだ。

そこで、採取すべきサンプル量の推奨値が [表1] のように記載されているので参考にしてほしい。なお、バックグラウンドサンプルについても同量を採取する。バックグラウンドサンプルは汚染地域から離れた確実に汚染がない場所で採取する。バックグラウンドサンプルは汚染が疑われるサンプルと同様に分析され、比較対象として使用する。この際、バックグラウンドサンプルは少なくとも汚染地域の風上約500ｍの地域で二つ以上の土壌、液体、気体、または植生のサンプルを採取する。

【Chain of Custodyに基づく証拠保全補助資料の作成】

サンプル採取の瞬間から分析機関での分析が終了するまでの履歴を管理するため、証拠保全補助資料を作成することが重要となる。 [図4] に米軍マニュアルに付属している証拠保全補助資料の一例を示す。ここには、サンプルの受け渡しを行った際に、受渡者の氏名、受取者氏名、受渡日時、受渡場所を記入し直筆でサインする。また、サンプルの取り違いや混交を防ぐため、サンプルにはそれぞれ固有のサンプル番号を付与する。例えば、「国内で２０２３年４月５日に一つ目のサンプルを渋谷署のＹＭさんが採取」した場合、"JP-230405-001-SBY Dep.-YM" と記入するとよい。また、補助資料の中には採取した時間まで（230405 1530のように）記入しておく。また、分析機関で分析者がサンプルの状態をあらかじめ理解できるように、状態をわかりやすく記述しておく。試料採取場所や周囲の状況等、分析に関係する情報については採取責任者が漏れなく正確に記載する。

【サンプル採取手順の一例】

米軍マニュアルには、剤種やサンプルの状態にそれぞれ応じたサンプリング手順が記載されているが、ここでは代表的な例として、液状の化学剤の３名によるサンプリング手順について [表3] に紹介する（付録Hのp.32、Liquid Chemical Sampleの項）。特に重要なポイントは、サンプルに直接または間接的に接触するのは採取者のみで、採取責任者や採取補助者が絶対に汚染物質に触らないよう徹底することである。その他のサンプリング要領については割愛するので原文を参考にしてもらいたい。

フォレンジック（科学的犯罪捜査）について

米国はCBRNに爆発物を含めたCBRNeというアプローチを早期から採用しており、軍用マニュアルに基づくサンプリング手法が存在している。

2000年以降、欧州ではCBRN犯罪やテロの増加に対応して、法執行機関の証拠保全と

フォレンジックの改善を目的とした多くのプロジェクトが立ち上げられた。これらのプロジェクトには、新しい技術や方法の導入、証拠保全技術の開発などが含まれている。

オランダ法医学研究所主導のGIFTコンソートは、約7千万ユーロの予算でCBRNフォレンジックの確立を目指していた。このプロジェクトは新しい検知技術や教育カリキュラムの開発を含んでいるが、一定の成果を達成しているものの、まだ全面的な標準化は果たされていない。

また、ROCSAFEプロジェクトでは、リモートでCBRN脅威を評価する新たなツールや運用手順、訓練シナリオが研究された。

ベルギーとオーストリアは軍と民間の協力を強化し、CBRNサンプルの取得と識別に努めている。ベルギーは軍内にSIBCRAチームを設立し、積極的な軍民協力関係を強化している。

オーストリアはSIBCRAを軍に導入し、軍警察と連携して法的枠組み内でサンプルを取り扱う訓練を実施している。彼らは多くのCBRN剤の取り扱いと法執行機関の訓練に豊富な経験を有している。

全般的に見れば、欧州のCBRNフォレンジック取り組みは進行中であり、技術、運用、教育訓練、軍民連携、国際協力の各面で進歩が見受けられる。これにより、他の地域が参考とする要素が多い。

CBRNテロ対策においては、迅速かつ適切な対応が必要である。現場の第一対応者がテロを認識しにくい状況であるため、被害拡大の防止と犯人逮捕が複雑化している。現在の国内の取り組みでは、被害限定に焦点が当てられており、フォレンジック（科学捜査）に関する議論が不足している。

CBRNフォレンジックの実施に際して、自治体は事前にサンプル管理計画を立てるべきであり、特定の分析機関との連携も必要である。現場では、消防と警察の調整と連携が求められ、サンプリング活動の準備と訓練が必要である。指揮官とサンプル管理責任者の連携も強化し、活動全体を効果的に管理するべきである。CBRNテロへの対応は時間が勝負であり、被災者の救助活動と犯罪立証活動の両立が重要である。

長期的には、近隣自治体間、さらには国際間の連携モデルの構築が必要であり、その際には先進的なCBRNフォレンジックの取り組みを進めている国や組織との協力も視野に入れるべきである。このような取り組みを通じて、CBRNテロへの対応が更に実効性のあるものとなることが期待される。

04 検知におけるドローンの活用

先進事例：サウスマナティ消防

初めてサウスマナティ消防のドローンチームに出会った際の印象は、「これは革新的な取り組みである」と感じられた。2018年11月、フロリダ・オーランドで開催されたCBRNe Convergence 2018におけるCBRN事態でのドローン活用に関するプレゼンテーションで、彼らの情熱と専念が強く感じられた。この小規模な地方消防団体の意識は高く、その結果、会場は満席となった。ドローンの足部に検知紙やpH試験紙を取り付けて行われる実証実験のスライドは、特に注目されていた。彼らはこの簡易な方法を利用し、効果的なデータ収集を行っており、その斬新さには驚かされた。そして、これがニューヨークやロサンゼルスの消防署ではなく、フロリダの小規模な地域で行われている点は特筆すべきであった。

ドローンの影響

ドローンが今後、世界を変える可能性があることは多くの人々が予見している事実である。軍事やセキュリティ分野でのその影響は顕著であり、消防業務もドローン技術の進化によって大きく変わっている。特に日本の防災分野でその進展が見られるが、CBRNやHAZMATの分野ではまだ活用の道が拓かれていないのが現状である。この状況は陸上自衛隊でも見受けられ、日本国内でドローンを

写真はCBRNe Worldより

保有し活用している消防組織はまだ少ないかもしれない。

それにもかかわらず、2015年以降、サウスマナティ消防はフロリダ州だけでなく全米でも先進的にドローンをCBRN事案への対応に利用してきた。彼らは独自のドローン活用プログラムを開発し、運用チームを組織して現場での対応を実施してきた。その実績には、マナティ港での硫黄貯蔵施設の火災事案も含まれる。

さらに、2016年のハリケーンMatthewや2017年のハリケーンIrmaなどの自然災害においてもドローンが利用された。

レベルA化学防護服との共存

サウスマナティ消防が初めてドローンを導入した際、それは単に空からの視点を提供す

参考画像: CBRNeWorldより

る「目」としての使用を目的としていた。しかし、彼らはその可能性を追求し、カメラだけでなく検知器や計測器の搭載も検討してきた。目指すはレベルＡ保護服を着用した専門隊員の装備の負担を軽減することであった。もちろん、レベルＡ専門隊員を完全に取り除くことは不可能であろう。しかし、彼らの負担を軽減し、効率的な対応を可能にすることが目標となった。

効率的なタスクの委任

サウスマナティ消防は、ドローンの活用可能な分野が今後さらに拡大すると見ている。CBRN分野に限らず、手間がかかり危険なタスクをドローンに委任することで、作業の効率化と安全性の向上が期待される。彼らはこの新技術を積極的に取り入れ、短期間でその有用性を認識し実践している。特に、緊急時の初動対応において、ドローンが15分から30分の時間帯で非常に効果的なツールとなる

と評価している。

現場調査の効率化とドローンの進展

従来の方法を用いた過去の現地調査は、時間がかかるばかりでなく、報告される情報の約95％が不正確かつ不適切であった。CBRN専門チームは、効率的かつ正確な情報収集のため新たなアプローチを探究していた。

サウスマナティ消防は情報収集の効率化を図るべく、様々なセンサーを搭載したドローンの導入を検討し始めた。この技術の導入は、初動調査の時間を大幅に短縮させる結果となった。

新たな手順の採用により、サウスマナティ消防はドローンを用いて事案への初動対応を効率的に行うことが可能となった。ドローンと操作者、目視観測者から成るチームが現場を俯瞰し、実動チームは事前に状況を把握し、適切な装備の準備が可能となった。

ドローン技術の進展はその利用可能性を飛躍的に拡大させている。加えて、搭載器材の増加によりドローンの活用範囲も拡大している。

ドローンの必要数、課題等

日本の消防署においては、ドローンの適切な配備数についての議論がなお残っている。だが、特定のCBRN事態における効果的なドローンの利用は、今後の検討事項として重要であると言える。

ドローンの利用にはいくつかの潜在的課題が存在する。操作者の技術的ハードルやドローンの安全性に関連した点など、今後の進展が注目されるいくつかの要因が存在している。しかし、その利点は潜在的な問題点を上回ると言えるだろう。

サウスマナティ消防はドローンが爆発性気体の中で火花を発生させる可能性に関する実験を実施した。この実験は、ドローン利用に関わる懸念を軽減する目的で有効であったと報告されている。

ローターの問題

ドローンが高速で飛行中にガスの検知や計測が可能かどうか、その飛行コントロールの方法や、高濃度ガス環境下での検知器の性能に関する問題が存在する。また、ローターの回転が計測にどのような影響を与えるかも解明が求められている。これらの点についてサウスマナティ消防は多くの実験を行い、研究を進めている。

理想的には、検知や計測は静的な環境で行われるべきである。しかし、ローターの回転がガスを計測器に速やかに供給し、早期に結果を出せることが確認された。主な目的は可燃性ガスの存在確認であり、その発見が対応を変える要因となっている。また、次世代の計測技術導入により、ドローン内にガスを導入し、精密計測が可能となる見込みである。

空域統制の問題

多くの組織がドローンを保有し、現場で多数のドローンが運用されることで、その管理に関する問題が発生する可能性がある。現時点では、フロリダ州の警察などの関係機関との協力関係は良好であり、効果的な連携が期

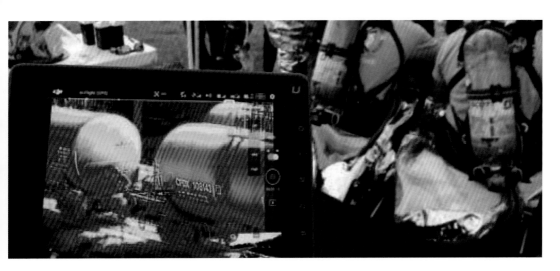

待される。安全配慮や協調性が必要とされる状況でも、適切な協力体制を築くことが求められる。

除染対策

ドローンの使用においては、適切な除染が行えるかどうかが関係者の懸念事項となっている。防水性や耐水性の向上が見込まれる一方で、現段階では完全な除染は困難である。しかし、一部のドローンは水洗いやアルコール拭き取りが可能であり、今後の進展が期待される。

高コストへの対処

ドローンの運用には高いコストがかかるという問題がある。これに対する解決策として、ドローンと検知器をセットにしたリース契約が考えられる。初期投資削減のための補助金制度も活用されており、補助プログラムや価格割引が利用できる場合がある。また、サウスマナティ消防は近隣の消防に対して、ドローンシステムの貸出を行っており、広域支援システムの参考となる取り組みが進められている。

世代交代

今後、新しい世代が消防や自衛隊に参加するようになることは明らかである。特に、ドローンや小型UGⅤで子供時代から経験を積んできた若者が現場に参加すると、ドローンの利用はさらに広がっていくことが予見される。しかし、既存の世代の専門隊員からすると、職場での役割がドローンやロボットに取って代わられると感じ、新しい技術への適応が難しい、または拒否する動きも存在するかもしれない。

いずれにせよ、新世代が昇進し、これまでの上司の方法と新しい技術を比較検討する中で、ドローンを積極的に活用し、スクリーンを通じて状況判断を行いながらタスクを実行する時代が近づいているかもしれない。サウスマナティ消防はその先駆者となるであろう。彼らの活動は、先述した映像の他にもYouTubeで見ることができる。確かに、サウスマナティ消防は地域社会にとって小さな存在かもしれないが、その野心は大きいことが理解できるだろう。

ドローンの限界とコスト比較

ドローンの普及が進むものの、レベルＡの専門隊員が行っている全ての業務を置き換えるわけではないし、CBRN関連の全分野で活用できるわけでもない。被災者を運搬するほど大規模なドローンはまだ存在せず、実現したとしても人の協力が必要となるだろう。

ただし、CBRN事件の初動で15分や30分という緊急時にドローンを使用することで、汚染された被災者の位置や潜在的なガスや放

射能汚染の状況を迅速かつ正確に把握できることは明白である。これが消防の安全確保に大きく貢献することになる。

　興味深い点としては、サウスマナティ消防が偵察の単位時間あたりのコストをレベルAの偵察、レベルBの偵察、そしてドローンによる偵察で比較していたことが挙げられる。確かに、ドローンはまだ高価であるが、使用時間や精度を考慮すると、コスト効率が最も高いのはドローンであるという結論が得られた（ただし、算定の根拠は不明である）。ドローンの普及が進むと共に価格が低下すれば、この傾向はさらに強まるだろう。

ドローンのまとめ

　ここまでの知見を以下の通りまとめる。
- フロリダ州サウスマナティ消防の活動はYouTube（SMFR911）で視聴可能である
- 小型線量計を装着し、小型カメラを利用した方法は斬新である
- この方法を使えば、放射性物質かもしれない（R）と疑われる物質の確認も瞬時に行える
- 同様に、M8検知紙やPH試験紙をドローンの足に取り付けることも可能である
- 既に集積地の火災でドローンの使用実績がある
- 彼らの算定によれば、レベルAやBで偵察するよりドローン偵察はコスパよし

- 夜間の赤外線画像の活用も有効である
- ドローン1機をさらに上空からもう1機で見る運用を基本としている
- 本文中では触れなかったが、港湾の汚染の広がりを農業用ソフトで把握している
- ドローンはプロパンガスの中でも発火源にならないことを実験/検証している
- ドローン企業と連携しながら、補助金も活用しながら活動している

　日本の消防でもCBRN分野でのドローン活用が進むことを改めて望みたい。

05 AIをCBRNにどう活用するか？
―米国の場合―

AI活用の拡充

　世界のCBRNの現場では、検知や情報分野も含め、多方面での動きが展開されている。今回は、人工知能AIのCBRN分野における活用について、特に米国を中心に考察したい。米国の国家安全保障委員会は、AIを「課題や問題を解決するための、人間の知能とは別のコンピューターシステムの能力」と定義している。

　将来的には、AIの活用分野は危機対応のあらゆる分野に及ぶと考えられる。これには、脅威分析から化学合成、毒性学、医療、毒物の中和などの基礎科学も含まれる。また、すぐには判別できないパターン認識や関係性認識などでもその活用が期待されている。

　この10年で危機対応や国防において、インターネットや連携性、データアクセスと自動化を活用したセンサーシステムの役割が増してきている。これにより、すでにAIに支援されたデータ分析と状況認識、判断が可能となっている。大統領令13859に基づく2019年米国人工知能イニシアチブは、連邦政府機関に対して、研究開発や訓練、省庁間連携においてAI技術の活用を強化するよう指示している。

危機管理におけるAI活用

　CBRN初動対応における現代のAI活用は、症状のサーベイと早期警報システムに焦点を当てているようだ。この種のサーベイは、メディアやインターネットで特定のワードを監視し、ニュースや公衆衛生データを把握することで、バイオ脅威やパンデミックを速やかに識別しようとしており、伝統的な方法よりも遥かに迅速である。実際、米国では新型コロナのパンデミックの始まりを、この症状サーベイツールで把握しえた実績がある。

　DTRA（米国国防脅威削減局）は、オーラリング（Oura ring）などのテクノロジーを活用して、生体認証指標に基づいて兵士がいつ病気になるかを推定する予測分析ツールセットを構築した。これを可能にしたのは、訓練で得られた兵士からの膨大なデータセットにより、確固たるアルゴリズムを構築できたからである。

　ここで、「オーラリング」について少し解説しておこう。この指輪は外観上、普通の指輪と変わりないが、日々の体調や体が何を必要としているのかを、睡眠、コンディション、アクティビティのスコアを通して把握できる。Ouraアプリのパーソ

著者撮影

ナライズされた機能により、睡眠を多めに必要としている時、病気になる可能性を示す兆候が見られる時、さらに頑張れる時などをお知らせしてくれる。

また、コペンハーゲンを拠点とするCortiシステム社では、自社で蓄積したデータにより病院前治療で救命診断を提供している。このシステムは、症状、呼吸パターン、声のトーン、単語の選択などのデータを使用し、関連する質問を準備してタイムリーなトリアージ情報を提供できる。

AIは、多様なセンサーシステムからのデータを取得し、それを一つの分かりやすい出力に統合することで、行動方針を推奨する目的で使用されている。現在利用可能なシステムには、"共通の運用絵"、すなわち「全員が同じ状況を把握する」ことを目的とした、英語でいうところのCOP（Common Operational Picture）を提供するものがある。しかし、多くのシステムはデータをさらに分析し、望ましい行動方針を提案する段階まで進むことはない。

これらのシステムは、緊急対応の際の判断、すなわち意思決定支援システム（ERDSS）の開発の土台となっている。異なる種類のセンサーからの読み取り、値が交差感度の影響でバラつくこと、すなわち擬陽性（誤報）が発生しやすいことを考慮し、多くの検知結果を組み合わせることで、潜在的な脅威を正確

に特定できる。

次に、ERDSSは可燃性ガスの危険性を警告し、さらに**呼吸器保護や皮膚防護の必要性を勧告し**、検知の初期結果に基づく除染指針も提供する。

ジョージア工科大学のチームは、遺伝的プログラミングや強化型マシンラーニングを用いて、化学防護服と爆弾防護服を着用した被験者を対象に、「熱ストレス計算ソフト」を開発した。このデータは、温度、湿度、装備の重量、作業率などのさまざまな条件下で収集された実験データを利用している。これは、オランダのTNOが開発した動作パラメータに基づき、体幹コア温度を推定するための標準物理モデルを使用して開始されたものである。ソフトウェアは、心拍数の増加などのより信頼性の高いパラメータと組み合わせることで、その機能が拡充された。こうした総合的なアプローチにより、消防隊員などの過酷な条件下での活動持続時間に関するアルゴリズムはさらに強化されることとなった。

AI活用の今後の5年間

すでに市場に導入されているAIを用いた危機管理関連機器は、今後さらなる改善を見せるであろう。AI活用に関する研究が進むとともに、解決策が試験評価され、この分野は近い将来において「爆発」を遂げる可能性がある。現在でさえ、消防隊員を支援している科学技術のさらなる活用が進んでおり、予防から準備、対処、回復まで、各段階が影響を受けることになる。ドローンや衛星画像から得られるデータによって、リアルタイムで状況の分析と予測が可能になる点は特に重要である。この能力は、ワイヤレス、セルラー、衛星、ドローン等のコミュニケーションシステムを含め、コミュニケーション技術の発展に大いに依存している。

これらのツールは、装備のメンテナンス状態やオペレーションの進行状況を常時監視し、さらにアルゴリズムの進化により、豊富なデ

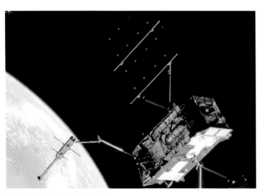

写真は国防総省サイトより。

ータセットを提供することも期待されている。予測分析が進めば、整備システムが最適化され、性能は現場で最大限に引き出され、不稼働時間は最小化される。

AIと危機管理

長期的に見ると、「予測分析システム」の使用によって、過去の事故のデータや社会の動向、リアルタイムの気象情報、危険物の位置関係、交通状況等を考慮し、指揮官は最適な部隊や装備を派遣できるようになる。予測によって事故を完全に防ぐことはできないものの、対応の最適化と、計画や準備段階でのリソース配分や本部の位置の最適化によって、ダメージを最小限に抑えることが可能となる。

このアプローチは、「新たな有毒化学物質の出現を予測」し、それに対する医療や薬物の準備にも役立つ。また、気候変動、社会の変動、インフラの変動に伴うリスクを予測し、事故や災害の頻度と場所を予測することも可能になる。

AIの落とし穴

新しい技術の登場は、常にリスクと課題をもたらす。AIによる予測の正確性は、初期データセットの質と完全性に大きく依存する。

「Garbage In, Garbage Out（GIGO）（ゴミ
を入れれば、ゴミが出てくる）」の原則がここ
にも当てはまる。次に、データベースのセキュ
リティ強化が必要であり、この点では、CBRN
（化学、生物、放射線、核）に関するデリケー
トな情報の保護が焦点となる。信頼性と冗長
性を持ったコミュニケーションシステムは不可
欠であり、まだWi-Fiや衛星通信がカバーして
いない地域への対応も課題である。

　専門家同士の連携と理解は、このテクノロ
ジーをCBRN分野に導入するうえで大切なス
テップであり、このプロセスは容易ではない。
ツールのユーザーが適切なインプットをしな
い場合、それは失敗に終わることも多い。

　AIの悪用も大きな問題であり、意図的あ る
いは無意識に脅威を生み出す可能性がある。
例えば、化学兵器の合成法がAIによって発見
される可能性や、人間の免疫システムを破壊
するメカニズムが解明される可能性も考えら
れる。

06 オリビエ・マットマンの検知技術
－世界最高峰の検知サンプリングのテクニック—
OPCWにおける検知・サンプリングの実際

オリビエ・マットマンはフランス生まれ、国際機関のOPCW（Organisation for the Prohibition of Chemical Weapons：化学兵器禁止機関）の査察団長として長く勤務した。筆者がOPCW日本代表団長代理として勤務していた1999年から2002年の3年間もオランダで共に過ごした間柄である。退官後は、本物のサリンやVX等を使うLive Agent Training（実剤訓練）を提供する企業であるHotzone Solutions社を立ち上げている。同社スタッフはほぼ査察員経験者で占められており、彼らの話は実に興味深い。

ちなみに、OPCWの査察員としてオランダで勤務した陸上自衛官が何人かいる。その中には、筆者の後輩や教え子も多い。そして、世界の査察の現場で経験を積んできた。ある時は、酷寒のロシアの地で、ある時はアメリカの片田舎の廃棄施設の片隅で、またある時には中国東北部の遺棄化学兵器の埋設現場や処理現場で、サンプリングや検知活動にあたってきたのである。さらには、世界各地に存

オリビエ・マットマン氏（Hotzone Solutions社のビデオより）

2種類の検知器を用いる様子（Hotzone Solutions社のビデオより）

在する実剤訓練施設において、その技を磨いてきた。現在は、スロバキアの野外での実剤訓練施設が使われている。

このような活動と訓練の中で得られた教訓と知見は、消防や警察、自衛隊の関係者にとっても貴重なものとなるものと思われる。そこでここでは、消防等にも役立つと思われるポイントのみを厳選して紹介してみたい。もちろん、そこにはすでに筆者が各県の消防学校等で見せてきたHotzone Solutions社のビデオの中にも出てきたものもある。同社が、OPCWの査察団長レベルの専門家で設立された会社であるから、当然と言えば当然である。例えば、検知原理の違う2種類の検知器を組み合わせて使うことにより、信頼度が格段に上がることなどは、その典型である。

深い知見とは何か？
─発色の違い、反応時間の違い、雨の影響—

屋外の実剤訓練を通じて、サリンやマスタード、VX等の本物の化学剤に関する深い知見

が得られる。例えば、同じびらん剤でも、ルイサイトとマスタードでは発色には違いがあり、ルイサイトは紫がかった色になる。また、擬剤と実剤では、その発色に違いが出てくることは当然である。さらに、検知器材の種類によって反応時間には差が出てくる。AP4CとLCD3.3では、検知原理が違うので反応時間に差が出るのは当然である。加えて、化学剤の揮発性の差によって、反応時間も変わる。サリンのような揮発性の高い化学剤は、たちまち警報が出てくる。検知紙に付着した際にも、サリンはたちまち黄金色に変わる。

では、雨は検知にどんな影響を与えるのか？ マスタードが水たまりに落ちた場合、はじめは表面に被膜を作るが、たちまち沈んで検知が困難になる。サリンなどの化学剤が植物に付着した時にどんな景況になり、どんな変色が起こるのかも、関係者なら知っておきたい。当初は水滴を見分けがつかないが、やがて枯れたように変化する。防護服の付着してしまった時にどんな感じに見えるのかも知

戦闘用防護衣にサリンが付着した場合にどうなるのかを実習で確認する様子（Hotzone Solutions社のビデオより）

っておきたい。Hotzone Solutions社のビデオでも、戦闘用防護衣に1g/m³のサリンが付着したときにどんな感じに見えるかを実習させている。これをNATOでは軽〜中程度の汚染と言っている。（写真は同社ビデオより）

ミリタリーでは、サラトガなどの活性炭素材の戦闘用防護衣の表面に付着してしまった化学剤が、圧力によって裏側まで短時間に浸透してしまうリスクの認識も徹底されている。レンガを重しに使った検証では、15分から20分で裏面に貼り付けた検知紙が変色してしまう。消防が使うレベルAの素材ではこのようなことは考えにくいが、自衛隊や警察の活性炭ベースの防護衣では注意が必要であろう。

なお、偽陽・陰性や検知時間・感度等を考慮して複数の検知原理を利用することは基本ではあるが、地方の消防においてこれを実現することは難しいかもしれない。IMS、検知管、炎光光度、ラマン等の検知器を一つ持つのも予算的に困難というところが多いのではないか。ただ、検知紙を持つのは、それほど負担ではないかもしれない。ちなみに、検知反応は写真に記録しておく。これは、これは後で述べる検証、Chain of Custodyの上で重要なことである。

"cold person"を確保せよ

検知、サンプリングにおいてはClean/warm person（器資材の保持、記録、通信等を実施）

バイオ検知でレコーダーが指示を出している様子
（インターポールのCBRN訓練ビデオより）

と Dirty/hot person（汚染状況の解明、試料採取や除染に必要な情報収集を実施）に分かれて相互に連携することが大切である。つまり、最低1人は「Cold person」として汚染することがなく、不測事態対応や兵站等のサポートをするという着意である。これは、陸自化学科部隊の一部や海保の特殊救難隊等では常識となっているようである。

　また、建物内の偵察に際しては、十分な情報がない限り、可燃性ガス、酸素濃度、爆発物の検知を入り口付近でしてから進入することになる。これも、消防のHAZMAT関係者にとっては常識であろう。これに続く偵察や、試料採取チーム等が進入することも踏まえ、建物内の不安全事項の有無を確認して図示しておく。また、サンプリングの対象物があった場合は、マーキングするとともに、対象物の写真を撮影しておくことも必要である。

画像を残せ

　サンプリングの対象についてGPS搭載のカ

メラを使用して撮影する。この準備の際には、GPSの作動、日付・時間設定を確認しておく。国際テロが疑われるような任務においては、新品のSDカードを使用して、そのシリアル番号も記録する着意が必要になる。

　さらに、対象を含む全体の背景を含めた写真を撮影しておく。この際、固定されて動かせないもの（橋や建物）が写真に入るよう着意する。対象を四方から水平に撮影し、次いで上方から撮影する。この際、対象の大きさが分かるように巻尺や物差しを設置して撮影するとともに、ドアや窓などの固定物が入るように撮影する。ここまでやるとなると、撮影のための訓練が必要になりそうである。対象の特徴的な箇所をマクロモードで撮影しておくと、検証の際に、ラベルの表示や細部構造等が拡大してもはっきりと見えるようになる。

　なお、撮影した写真データについては、自動でシリアル番号つまり、日付、時間、座標等の重要な情報も含まれている。そのため、後から疑義が生じないよう、どんな写真であっても消去してはならない。後で状況が落ち着けば、もちろん消去は可能である。

　ちなみに、偵察や試料採取は、採取した試料が適切なものであることを証明するために一連の行動をビデオで録画することが望ましい。

サンプリングの実際

　偵察チームがマークしてくれた試料採取ス

実剤を使ったサンプリング訓練
（Hotzone Solutions社のビデオより）

ポットのサンプリングを実施する。まず、準備段階でブチルゴム等の手袋使用による作業効率の低下を考慮し、スワブ、パラフィルム等の包装を半分程度開ける等の処置を実施しておく。現地においては、二次汚染を防止しつつ、気体・固体・液体の試料採取が効率的にできるよう1回分ごとの採取資材をジップロック等にパッケージ化して携行する。採取用容器等の各種資材は、殺菌済や新品のものを使用する。適切な試料採取がされていることを映像などで証明できるようにしておくのは、前述のとおりである。この機会に、警察や消防の試料採取器材の構成品を見直すのもいいかもしれない。

これも前述したが、Clean/warm person（器資材の保持、記録、通信等を実施）とDirty/hot person（汚染状況の解明、試料採取や除染に必要な情報収集を実施）に分かれて相互に連携する。従って、最低1人はCold personとして汚染することがなく、不測事態や兵站等のサポートを実施する。

この際に、Clean personは耐浸透性の高いシートを平らな場所に敷いて、資器材の入ったバックをその上に置いてDirty personを効率的に支援する。また、細かいことだがClean personとDirty personの間で資器材の受け渡しをする場合は、二次汚染防止の観点から必ずClean personの手が上、Dirty personの手が下になるようにする。このようなやり方は、英国や米国等で何年も前から導入されておりCBRNの分野では一般的といえる。一部の消防でも、このやり方は定着しているものと推測する。

Chain of custody（履歴管理）は重要

固有番号が記載された開封防止のセキュリティシールにより、試料を容器に封印する。さらにジップロックなどの袋に入れて、結束バンドや布テープなどにより二重に保護し、当該試料を保管ケースに入れて運搬する。保管容器も固有番号を付したシールで封印しておく。

この際、貼り付けた各種シールの番号、時間等を記録用紙に記入する。この記入用紙は試料ごとに存在し、いつ、誰が、何番のシールを開封/封印したか記録するようになっている。シールが破れている場合や、記録内容が適切でない場合、試料が無効になる。このようなChain of custody（履歴管理）の認識や細部要領は、消防はもちろん、陸自化学科

や警察においても十分な認識がなされていないと思われる。日本において、国家がバックにいる化学テロが起こる前に態勢を整えておきたい。

RSDL（反応性除染ローション）の導入

世界の主要国で、ミリタリーやファーストレスポンダーがRSDL（反応性除染ローション）を使ってないのは日本だけである。その背景には薬事法による制限がある。厚生労働省の使用承認が必要になり、そのための試験や検証には膨大なコストと時間が予想される。神経剤用のオートインジェクターが、消防や自衛隊でも使えるようになったこととは対照的に、状況は昭和のままである。米国FDAで承認されているものが、日本では認められないのも皮肉である。過去の伊勢志摩サミット等では、少数を個人輸入で乗り切ったという悲しい歴史がある。

一方で、ノビチョクやVXは皮膚の下に潜るという知見がある。このため、RSDLのよ

RSDLを使用する様子（RSDLデモビデオより）

うな皮膚の下まで潜っていってくれる除染剤は、実は患者の命を救うために不可欠のものなのである。また、RSDLは皮膚の除染のみならず、開放性の傷にも使用できるという。

なお、OPCWやHotzone Solutions社の実剤訓練においては、各種除染剤の実剤に対する反応速度の違いや、除染効果の確認についても実習している。ブラシで擦らないと除染されにくいことなどを実際に経験することもあるらしい。

防護レベルを考える

陸自の防護レベルというのは、米軍やNATOと同じくMOPP（Mission Oriented Protective Posture：任務志向防護態勢）で規定されている。任務に応じた防護の形態という考え方である。しかし、現代の任務の多様化により空気呼吸器を防護マスクの代わりに使う場面も出てきている。いずれにせよ、酸素濃度、液体による汚染の可否、剤種の判明状況等を考慮して防護のレベルを決めるのは消防と同じであろう。

一方で、OPCWで規定する防護のレベルは全部で9段階あり、MOPPレベル（1-4）とOSHA（Occupational Safety and Health Administration：労働安全衛生局）のレベル（A-D）を組み合わせたような形になっているという。日本の消防も、マルチ缶を使ったガスマスク（例えば重松製作所のRM185と

C60）と活性炭ベースの防護服を使って化学テロ対応をするようになれば、OPCWの9段階の防護レベルは参考になる日が来るかもしれない。また、現在では、陸自も空気マスクや気密防護衣を使用するため、防護レベルを、OPCWのように細分化して規定するのも一案かもしれない。

なお、OPCWではサラトガのブチルゴム手袋の上から、ニトリル手袋を装着している。つまり、各手に二重に着用しているのである。手が汚染した可能性がある場合には、ニトリル手袋を交換する。手袋を除染して使うというやり方もあるかもしれないが、試料採取に際しては、試料のコンタミを防止する観点から除染剤は使用しないということらしい。難しいのは、ニトリル手袋を脱ぐ際、二次汚染防止の観点から、手袋の裏面に汚染が付着しないように手袋を取り外す。このGlove exchangeの練習を何回も何回も繰り返す。蛍光磁粉を使って、二次汚染を

OPCWのYouTubeへ

Glove exchangeの練習（OPCWデモビデオより）

することなく交換できたかどうかのテストまであるという。

救護と期限切れオートインジェクターの活用例

期限切れの注射器をそのまま捨てるのはもったいない。使用期限の切れたオートインジェクター（神経剤治療用の自動注射器）をペットボトルに対して使用し、

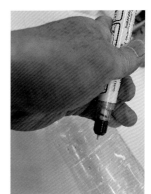

使用期限の切れたオートインジェクター

一連の使用法を実習するというアイデアがある。実際に、OPCW等でも訓練に活用されているという。なお、実任務に際しては、ブチルゴム手袋による作業効率の低下を考慮して、注射器の包装を一部開ける等の着意についても考慮する。

このペットボトルを使ったやり方は、消防や陸自においても実際的な訓練であり、すぐに教育訓練に反映しうる得るものと考えられる。注射器使用の際の力加減や、針がペットボトルに刺さり、中の試薬が噴射する景況は印象的で、教育効果は非常に高い。もちろん、消防においてはオートインジェクターを保管している厚生労働省等との調整が必要になるだろう。

実剤訓練に参加する女性消防士
（Hotzone Solutions社のビデオより）

消防のCBRN専門部隊に求められる知見

　OPCWの査察員はもちろん、欧州の各国軍や中東の軍関係者、さらには中国のミリタリー関係者に至るまで、スロバキアあるいはセルビアの実剤訓練施設を活用して実剤訓練を頻繁に実施している。Hotzone Solutions社のビデオには旧ソ連圏の某国の消防士たちが、女性隊員を含めて実剤訓練に参加している様子が見てとれる。

　これから爆発物テロやその疑いのある事案が増えるとすれば、それらに関する教育内容の追加も一案かもしれない。さらに、各種の有毒化学剤、サリンやVX、マスタード等の特性や合成プロセス、化学工場等で見られるピクトグラムやNFPA704表示の規格や安全管理事項についても勉強しておいて損はないであろう。サリンやVXの合成法は複数あり、副生成物も異なる。それぞれの合成に必要な試薬、合成装置、生成物等に関する知識は、少なくとも消防の専門部隊、関係者はもっと深い知識を持つ必要があるのかもしれない。

　ちょうどこの原稿を書いている間にも、日本のOPCW代表団長代理を務めている後輩の1佐から、チェコで実施される検知・サンプリング訓練への参加募集の話が来ていた。旅費やビザのハードルはあるが、日本の消防のCBRN部隊や陸自化学科がガラパゴス化しないようにしたいものである。したがって、OPCWが主催するファーストレスポンダー訓練等への積極的な参加により必要な識能をアップデートするのも一案と考えている。

今後の展望

　そこまで消防がやることもないだろうという声が聞こえてくる気もする。ただ、国際テロ等により、国内で化学兵器が使用された場合には、適切な検知、識別、試料採取、分析により国際社会に訴えていくことは不可欠である。ロシアのウクライナ侵攻が起きたことで、そこで化学兵器が使われる公算、その際の予想される展開、特にロシアの妨害と情報戦を考慮すれば、これまでやってきた検知やサンプリングとは違ったものが求められる。また、速やかにOPCWの支援を得る必要もある。

　戦略レベルで世界にアピールする観点から、化学剤の使用を立証できるように消防のCBRN教育訓練の内容や装備等をアップデートすることが必要と考える。

07 バージニアビーチでのラマンの活躍

　最近、何を考えているのかわからない男による事件が増えている。電車の中で刃物を振り回す男、射撃訓練中に指導官や仲間を撃つ新隊員、そして元総理を手製の銃で撃ち、暗殺する男などがいる。何が彼らの背景にあるのだろうか。だが、動機を探る間にも、次から次へと事件が発生している。米国の大西洋に面した美しい町、バージニアビーチでその事件が起こったのは昨年の秋である。

　その男が何を作ろうとしていたのかはっきりしない。ともかく、現場には多数の薬品が残されていたし、彼の自宅のキッチン近くには不審な物が積み上げられていた。このような複雑な現場では、バルク検知に適したアジレント社の「レゾルブ」が非常に役立ったと言われている。レゾルブは、ラマン検知器として世界的に有名で、米国内の多くの消防や警察だけでなく、日本のほとんどの税関や一部の消防でも使用されている。

　バージニアビーチの男の自宅では、高度なトレース検知に適したMX908よりも、不明な袋や薬品の瓶の中身を一発で識別できる「レゾルブ」が適していたと考えられる。「道具は使いよう」と言われるように、検知器も使い方次第であり、状況に応じた検知器の選択はCBRN関係者にとって必須である。

　Resolveの特性は、密閉された不透明な容器を通して、爆発物、麻薬、有毒な工業化学物質、化学兵器などの不審物の迅速な識別が可能であること。これは、ハンドヘルドSORS技術を利用して、さまざまな密閉容器や包装を通じて化学物質の識別ができるからである。容器を開けることなく、安全に操作することができ、そのため消防などは早い段階で物質を特定することができる。Resolveはハズマット対応、EOD、CBRN、警察、税関、港湾、国境での荷物のスクリーニングなどで採用されている。

　日本の消防でも、より多くの場面でラマンを活用するべきである。米国の消防や陸軍、州兵と比べて、その必要性を感じざるを得ない。

写真はAgilent社提供

08 ラマンでバイオを検知する?!

生物剤の検知・識別というと、抗原抗体反応を利用するもの、あるいはPCRといった手法が一般的である。特に、抗原抗体反応を利用するシステムは、米国陸軍や欧州の陸軍、また多くの国々の消防や警察などで使用されており、信頼性も高い。ただ、試薬などの消耗品のコストは決して安くはない。筆者の経験によれば、毎年の試薬代を足し合わせれば、新しいバイオ検知システムを購入することも可能というレベルだ。ライフサイクルコストを考慮すれば、他の選択肢があったのではないかと後悔することもある。

ここに、ラマンを用いたバイオ検知が可能だとの情報が米国よりもたらされた。それも、信頼性のある情報源からである。その詳細について紹介したい。

Battelle社は、長年にわたりエッジウッド生物化学防護研究センター（ECBC）と連携し、米国陸軍のCBRN防護研究をサポートしてきた。筆者もECBCを訪問し、関係者と対話を持ったことがある。彼らは、ほぼ陸軍と一体となって動いている感がある。

同社は、生物剤サンプルの収集および識別に用いる分光技術、すなわちResource Effective Bio-Identification System（REBS）の特許を保持している。REBSは、環境エアロゾルや表面汚染を含めた各種の形態の生物剤をほぼリアルタイムで識別可能であるとされ、軽量かつ低コスト、ネットワーク化されたバッテリー駆動のポータブルプラットフォームを提供可能だという。もしそれが事実なら、陸上自衛隊の次期CBRN偵察車だけでなく、消防や警察においてもランニングコストのかからないバイオ検知システムとして極めて有望だろう。

REBSはすでに十数年にわたって米国政府の幅広い実用試験を受けているという。ラマンを使用することで、消耗品のコストと全体的なライフサイクルコストを大幅に削減し、生物剤の特定時間を短縮し、新たな脅威となる生物剤に対するソフトウェアを更新することが可能であることが実証されている。また、REBSは政府から提供されたサンプルに対して97.5%を超える高い識別精度を示し、1サンプルあたり約0.05ドルという低コストであるというのは確かに魅力的である。

deliver treatment upon arrival. REBS is also extremely customizable.

写真はBattelle社YouTubeより

09 時代はウェアラブル
―スマホやオーラリングが検知器に―

「無線機に化学剤センサーを組み込んでしまおうというコンセプト自体は、実はすでに存在しています。」

　まだ自衛隊の現役だった平成22年1月の、ゆったりした午後の一コマである。コーヒーを飲みつつ、陸自化学学校研究部長室にて、関係者とともに談笑しながら会議の開始を待っていた。そこで話が、なぜか放射線、あるいは化学剤の検知器の方向に転んだ。その時、筆者から「隊員レベルの小型無線機にC（化学）やR（放射線）のセンサーを埋め込んで、そのまま自動でJWARNのような報告通報システムに送ってしまうというコンセプトは、すでに存在する」という冒頭の話をした。これに、研究部長を含めて、全員が大いに興味を示した様子であった。

　センサーの小型化は、特にR（放射線）では顕著である。腕時計型の（というか、腕時計そのものなのだが）線量計をご覧になったことがある方も多いだろう。福島第一原発事故以降は、スマホにRセンサーを組み込んだ機種が実際に市販されていた。Cセンサーも、かつてのIMS（イオンモビリティスペクトロメトリー）で背中に背負っていた時代とは隔世の感がある。

写真はPolimaster.jpより

　一方で、筆者が持つスマホやガラケー（いまだにガラケーも持っている）にも、実に色々な機能が付いていて、到底使い切れない。普段使うのは、デジカメ機能で写真を撮るくらいである。しかし、これだけ機能がついているなら、CBRNのセンサーも付けられないかと考えたことはある。世界には、同じようなことを考える人々がいる。そしてこれが、CBRNテロ対処能力を画期的に向上させうる要素を含んでいる。

香水はやめてくれ

　今どき、表参道や霞が関の地下鉄出口あたりを歩いていて、スマホや携帯を持たない人はいないだろう。それぐらい必需品だが、それが彼らの命を救うとしたらどうだろう。もし、携帯端末に化学剤のセンサーが組み込まれていて、何かあれば警報を鳴らし、消防の集中司令室や救急センターに通報されたら。近くに設置された応急除染所までのルートや受け入れ病院を指示してくれたら。その情報が、リアルタイムで特殊武器防護隊のパソコン端末や隊長のスマホに入ってくるとしたら。

Rはともかく、Bをどうする

　前述のとおり、我が国の技術レベルを考慮すると、線量計または線量率計を携帯端末に組み込むことはそれほど難しくはないだろう。数年前の米国内での検討では、ダーティボム

のようなR事態で本当に厄介なのは、実は「爆発のない」、そのまま散布された場合であることが指摘されている。このケースでは、大都市中心部で非爆発性の放射能兵器が使用され、それに当局が気づく（検知）まで数週間かかる。その間に、数十万人が汚染され、経済損失は数千億円規模となる（2004年、Zimmermanらの研究）。総務省消防庁や防衛省ロビーで同様の隠密散布があっても、やはり数週間かかるだろうか。このような、意図的に爆発させないで放射性物質を散布されたような場合にも、本システムは有効に機能する。

一方、Bセンサーを組み込むことは、近い将来ではまず無理というのは、ほとんどのCBRN関係者が一致するところであろう。サンプリングのためのポンプや、前処理部分、試薬等、どれを取っても、小型化には限界がある。さらに、都市部での妨害物質やバックグラウンドの問題からも、当面は対象外である。しかし、最近、米陸軍ECBC（エッジウッド化学生物開発センター）では、手動ポンプと簡易検知部を組み合わせた新たな使い捨て機器を開発中であるという。

今のままで何が悪い？

本当にそんなシステムが必要あるのかという声もあるだろう。この手の災害においては、位置情報は必須である。緊急時であっても、プライバシー保護を主張する人々も出てくる

だろうが、ここは、自分や家族の命がかかっていることを意識しなくてはならない。また、コスト上昇は組み込む技術によるが、ワンセグでテレビ画像を見るためのコストとは性格が違う。地下鉄サリン事件の際に、消防はかなりの時間、事態を「ガス爆発」と誤認して対応していた。陸自や警察との認識共有（Common Operational Picture: COP）も欠けていた。本システムは、これを決定的に改善しうる。

さらに、十数カ所での同時多発や化学剤と放射線源、単なる爆発物との複合事態でも、迅速に状況を把握しうる。何よりも、我が国がこのようなシステムを導入しようとしていること自体が、関係国、組織に対する抑止効果を持つだろう。

バイタルサインと組み合わせると

我が国でも、脈拍、体温、呼吸数、血圧、筋肉の緊張状態等の異常を携帯機器によって感知し、自ら把握し、さらに自動的に病院、医師に通報するようなシステムが研究開発されている。もし、これを化学剤センサーと組み合わせたらどうだろう。

しばらく前には、メンズポーチというのが流行っていて、これらの鞄の中に入れられると機能しないが、大抵の人は、スマホや携帯をスーツ等の胸ポケットに入れるだろう。左胸の内ポケットに下着に密着する形で持って

いれば、なおよい。

相当の濃度の神経剤に触れれば、当然、脈拍、体温等に変化が出てくる。痙攣まで来ればなおさらである。これを、先程の人数の閾値に関するアルゴリズムと組み合わせれば、信頼度がぐっと上がる。また、心臓発作や熱ストレスの状況にも応用できるので、これを先ほどの人数の閾値についてのアルゴリズムと組み合わせれば、信頼度がぐんと上がる。また、心臓発作や熱ストレスの状況にも応用できるので、急病人の対処にも使える。消防や陸自で、特に防護服を長時間着用するCBRN専門部隊にとっては使えるシステムといえる。

このアプローチは、三宅島のような火山性ガスのリスクに晒されている地域や四日市のような大気汚染の懸念がある地域でも使える。ただし、ここでもプライバシーの課題は残る。自分の健康データを救急センターが把握することに抵抗する人もいるだろう。

写真はWSJ日本版より

センサーの新しい利用方法について

「CRセンサーを監視カメラや信号機に組み込むのはどうだろう？」という提案には、スマートフォンや携帯への組み込みを不要とする声も存在する。実際、駅構内や街路の監視カメラ、道路標識にセンサーを取り付ける案や、車両や軍用装備に組み込む選択肢も考えられる。軍用の場合、装甲車両に既存のCR警報器と同様に、センサー情報の融合を目指して小型センサーを搭載するアプローチも有効である。

信号機への組み込みは、スペースに対する制約が緩やかで、多種多様な化学剤に対応できる高性能センサーの利用が可能だが、移動している対象を追跡することは難しい。また、オペレーションセンターから除染地や病院の位置指示、避難経路のアドバイスなど、双方向でのコミュニケーションが難しい。特に、兵士が小グループや個人で動く市街地戦では、個人の端末にセンサーが組み込まれている方が、迅速な動きが可能となり、ネットワーク中心の戦術に真価を発揮する。

今後の課題と展望

C・Rセンサーを通信端末に組み込む構想は、民間と軍事の両面で興味を持たれているが、これはまだ研究段階にあり、特にセンサーの超小型化は技術的な課題を孕んでいる。

米国では“Cell All”というプロジェクトが進行中で、プロトタイプも作成されているが、実用化には至っていない。ただし、近年のシンポジウムでは五円玉大のＣセンサーが披露され、DARPAの支援も受けている。このシステムが実現すれば、オペレーションセンターと現場個人がネットワークで繋がり、被害の大幅な軽減が可能となる見込みである。

ネットワークの変革と先輩の言葉

30年近く前、技術系でTACを卒業したばかりのK先輩から「ネットワークで何が変わるのか？」との問いを受けた。その当時の私には答えがなかったが、30年後の今、組織の俊敏性や相互運用性の向上、多機関連携の実現など、ネットワークがもたらすシナジーを実感している。特にCBRNEテロや災害での被害軽減にその可能性を見出している。2017年、専門家たちは地下鉄サリン事件を検証し、そのシナリオがこのシステムの参考になる可能性がある。

「地下鉄サリン」再び

XX年3月20日8時過ぎ。地下鉄の各駅で有機リン系反応を示すスマホアラートが発生。乗客数名に異常なバイタルサインが確認され、システムは「神経剤テロの可能性95％」と警告。東京メトロは10分後に運行を停止し、警視庁と消防は迅速にゾーニングと対応を開始。

ウォームゾーンは地下鉄駅周辺50 m、ホットゾーンは駅構内。排気口周辺はホットゾーンに準じて通行人を排除。汚染可能性のある乗客には出口で脱衣・脱靴と指定病院への移動を指示。緊急搬出やアトロピン注射が実施され、一方で他の乗客へは安全対策と注意喚起が行われる。地下鉄入り口での確認と空調停止、場外での除染も順調に行われ、死者はゼロ、軽傷者100名を記録。夕方には地下鉄は復旧する。

もし現在、約30年前と同じ地下鉄サリン事件が発生し、ウェアラブル検知器が普及していればこのような対応になるだろう。（95年の事件での死者は、駅員も含め13名、負傷者6000名以上、今も後遺症が残る。）

これはCBRN事態の混乱の中でネットワークが大きな力を発揮する可能性があることを示す一例である。日本はこの技術と伝統を持ち、軍事にも応用可能であり、事態の予防・抑止にも繋がる。しかし、テロリズムが未発生であることが対策の軽視に繋がる現状も見受けられ、その風潮には注意が必要である。備えと対応の見えにくさは、その価値を隠してしまうことがある。

10 消防が、モバイルラボを持つ時代へ
―ポーランド消防の先進性―

ポーランド消防のレベルの高さとウクライナ消防へのCBRNに関する支援は、多くのCBRN専門家に認められている。ロシアの2014年のクリミア半島侵攻が西側の注目を東欧に集めるずっと前から、ポーランド消防はCBRN能力を着実に構築していた。もともとソビエト連邦寄りの立場であったこの国は、CやRの防護能力の改善が必要であると早期に認識し、その能力を少しずつ築き上げてきた。初期においてこれは西側からの支援を基にしていたが、NATO加盟を経て独自のデザインとコンセプトを持つようになっている。読者の皆様がこの記事をお読みの時点で、ポーランドの消防隊は最も先進的な移動ラボ車両を配備していることだろう。これは、現地を視察した米国ナッシュビル消防出身のクリスティーナ・バクスター博士も認めている点である。ちなみに、陸自化学科もまだこの移動ラボを保有していない。ポーランド消防の先進性が、この一例からも窺い知ることができる。

ロボットからヘリまで

これらの検知・分析機器の導入準備を考えると、2022年のロシアによるウクライナ侵攻よりも前から計画されていたことは明らかである。そして、ポーランド消防のCBRN能力がピークにはまだ達していない点も注目に値する。ポーランド全土には合計504の救助隊がある。最近では、特に地下駐車場で頻発する電気自動車の火災に対処し、延焼火災を防ぐため、駐車位置から車を引き出すロボットが5つの主要駅に配備された。一部のユニットにはロープ、ハイアングル、ウォーターレスキュー能力があり、ワルシャワには独自のヘリコプターレスキューユニットもある。基本的なスキルにHAZMAT（危険物）対応能力が加えられ、ケミカルレスキューには基本と上級の2つのレベルがある。

5つのレベルのユニット

大きな事態に対応する際、50の専門ユニットからの専門家の到着を待たなければならない。これらの専門家はA、B、C、D、Lの5つのレベルで活動している。レベルAには全国に49のユニットがあり、各ユニットは少なくとも8人の人員と4つの異なる車両で構成されている。これらのユニットは火災や道路交通事故、その他の事態に対応し、支援を提供する。これらのユニットが特にロシアの脅威

に対応するために重点的に配置されているわけではない。そのため、ウクライナでの戦況がここまで進展しても、その配置は変わっておらず、国境地域の部隊が増強されているわけではない。

さらに、CBRN偵察機能を持つ21のBレベルユニットが存在する。このユニットが保有する車両はユニットによって異なることがある。脅威のレベルに応じて、移動用バンのみを持ついくつかの小規模なユニットもあるが、大多数のユニットはより大きく、能力が向上した車両を装備している。この大型車は2010年に、2012年の欧州サッカー選手権に向けて購入され、試合が行われた都市や地域を拠点としている。21台のBレベルユニット全てにこの大型車が搭載される予定だが、現在は独ブルカー社の「ラピッド」スタンドオフシステムを装備した新型車両が5台存在する。なお、日本でこの「ラピッド」スタンドオフセンサーを装備した車両を持つのは、陸上自衛隊の中特防だけで、その数も2両に限られている。この新型車両に搭載されているその他のセンサーは、基本的に同一のものが使用されている。

ドローンとロボットを持つ消防部隊

ポーランドの消防部隊は、ドローンや地上ロボット（UGV）を保有している。これらは特に、警察の爆発物処理ユニット（EOD）を

サポートする役割がある。また、8時間飛行可能なドローンも使用しており、計画中の耐爆性のある専門車両5台も、ウクライナの戦場からの脅威に対処する目的で導入される予定だ。

除染部隊の専用車両

レベルD除染デコンユニットにおいて、ポーランド消防は一新されたアプローチを取り入れている。以前はテントシステムが用いられていたが、現在ではポーランドの特殊車両メーカーWISSから導入された新型除染車をベースに、8つのユニットを運用している（冒頭の写真参照）。これらの車両は7つの内部コンパートメントと外部シャワー/コンパートメント、アクティブな泡除染、オゾン処理装置、過酸化水素蒸気（VHP）による内部燻蒸、除染後の衣服の準備スペース、PPEのストック、バイオハザード対応器材、および補助装置などを備えている。

警察の特殊部隊も除染

これらの除染車両は、消防のみならず、EOD、SWAT、法医学など、警察の専門機関もサポートしている。ポーランド消防は警察ユニットと連携し、銃器などの特別な装備に対処するための標準的なオペレーション手順を開発している。

またLレベルユニットは、ポズナンとワル

シャワをベースにした2つの新しい分析ラボから構成されている。各車両は、分析要員として訓練を受けた17人の化学者と、車両運転とラボの管理・整備を担当する少なくとも2人の乗組員で運用されている。

　この他、警察と消防は、双方ともに高度な実験室機能を有しており、特定の任務では協力関係にある。また、ポーランドの法律に準拠して、フォレンジック（法医学）的観点から証拠が残されている可能性のある場所への対応を行っている。

消防のモバイルラボの特徴

　このポーランド消防のモバイルラボは、保有する最新の分析機器だけでなく、分析のための化学者を20名近く抱えている点でも注目に値する。ウクライナの情勢が混沌としている中で、この分析能力が化学兵器が使用された場合の議論や対応に役立たないことを切に願っている。

5章03 CBRNテロ現場での "サンプリング" とその重要性
≪参考文献≫

大阪府危機管理室編「G20大阪サミットに係る防災・危機管理対策の取組状況について」、2019年6月、4頁；総務省消防庁編「G20大阪サミット及びラグビーワールドカップ2019における消防特別警戒等」、『消防白書』令和元年版、特集2、https://www.fdma.go.jp/publication/hakusho/r1/。

総務省消防庁編「消防機関におけるNBC等大規模テロ災害時における対応能力の高度化に関する検討会」、平成28年10月5日検討会 資料1、https://www.fdma.go.jp/singi_kento/kento/items/kento203_12_shiryo1.pdf。

厚生労働省編「NBCテロその他大量殺傷型テロ対処現地関係機関連携モデルの一部改訂について」、http://www.mhlw.go.jp/kinkyu/dl/20210419-01.pdf

Katherine Lawlor, "Warning Update: Russia May Conduct a Chemical or Radiological False-Flag Attack as a Pretext for Greater Aggression against Ukraine", Institute for the Study of War & AEI's Critical Threats Project 2022, September 2022

Chulou et al., "Syria chemical weapon attack toll rises to 70 as Russian narrative is dismissed," April, 2017, The Guardian, https://www.theguardian.com/world/2017/apr/04/syria-chemical-attack-idlib-province, accessed February 5, 2023.

Martin Chulov, "Syrian regime blamed for sarin gas attacks in landmark report," April, 2020, The Guardian, https://www.theguardian.com/world/2020/apr/08/syrian-regime-blamed-for-using-sarin-gas-in-landmark-opcw-report, accessed February 1, 2023.

Luke Harding, "Deny, distract and blame: how Russia fights propaganda war," May, 2018, The Guardian, https://www.theguardian.com/uk-news/2018/may/03/russa-propaganda-war-skripal-poisoning-embassy-london, accessed February 1, 2023.

"OPCW Executive Council Meeting: 18 April update on the use of a nerve agent in Salisbury," https://www.gov.uk/government/speeches/opcw-executive-council-meeting-18-april-update-on -the-use-of-a-nerve-agent-in-salisbury, accessed February 1 2023.

"NIST SP 800-101 Rev.1 under Chain of Custody," http://csrc.nist.gov/glossary/term/chain_of_custody, accessed February 1 2023.

Department of the Army, "Multi-service Tactics, Techniques and Procedures for Chemical, Biological, Radiological, and Nuclear Reconnaissance and Surveillance," ATP 3-11.37., 2017.

European Commission, "Generic Integrated Forensic Toolbox for CBRN incidents," December 2018, https://cordis.europa.eu/project/id/608100/reporting, accessed January 15, 2023.

"CBRN Forensics Issue 1," p.4, https://www.tyndall.ie/contentfiles/CBRN%20Forensics.pdf, accessed February 2, 2023.

European Commission, "Remotely Operated CBRNe Scene Assessment Forensic Examination," December 2019, https://cordis.europa.eu/project/id/700264/, accessed February 2, 2023.

Katleen De Meulenaere et al., "Collaboration effort," CBRNe World, June 2016, p. 27-31.

Gerald Bauer, "As long as chemical weapons exist, so will the temptation to use them," CBRNe World, December 2021, P.62-64.

河本志朗「大規模イベントにおけるCBRNテロ対策の取組と課題」、『国際安全保障』、第44巻第2号、2016年12月、p.69；瀬戸康夫「科学捜査の最前線 －犯罪立証に資する方科学研究の現状と展開－」、『薬学雑誌』、Vol. 139, No.5, 683-484, 2019年。

濱田昌彦「CBRN Forensicsの世界 ～現場にサイエンスを持ち込む」、『月刊 治安フォーラム』、平成30年1月号、p.34-45。

検知機器ガイド
Guide for Detection Equipment

化学剤検知器

LCD3.3

写真／千葉市消防局

対象	有毒化学剤(ガス)
性能	0.1mg/㎥以下
特性	高感度モードによりさらに低濃度を検知。米軍をはじめ使用国が多く信頼性が高い

RKOwlet-3S

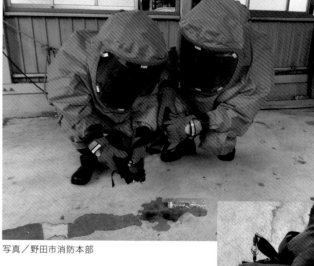

写真／野田市消防本部

対象	有毒化学剤(ガス)
性能	0.1mg/㎥以下
特性	国産のため日本語表示で見やすく、補給整備基盤が国内のため安定しており、カスタマイズが容易

写真／野田市消防本部

ChemPro100i

対象	有毒化学剤（ガス）
性能	0.1mg/m³以下
特性	ベークアウト機能により濃厚ガス吸引後の回復時間が短い

RAID-M100Plus

対象	有毒化学剤（ガス）
性能	0.1mg/m³以下
特性	器材長が比較的長く、ドリフト領域が長いため識別性能が高い。自動清浄空気パージモードにより回復時間が短い

HGVI

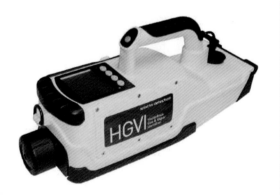

対象	ガス、放射線
性能	3種センサーによる高精度
特性	IMS方式、PDI方式及び半導体ガスセンサを搭載し、高い検知制度を有する。放射線の測定も可能

AP4C

対象	有毒化学剤（ガス）
性能	数ppm以下
特性	炎色分光により、P、SAs、HNOを含む全ての化合物に低濃度でも反応する

JUNO

対象	有毒化学剤(ガス)
性能	0.1mg/m³以下
特性	DMS技術により精度感度共に非常に高い

Xplor IR

対象	気状化学物質
性能	5000種以上を識別
特性	FT-IR方式により、多くのライブラリを持ち、モバイルアプリによりホットゾーンの外側でも検知結果を表示

Gsmet GT5000 Terra

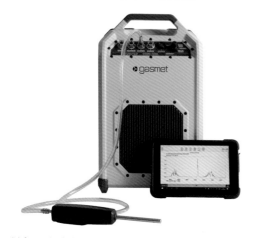

対象	有毒化学剤(ガス)
性能	FT-IR 50種以上同時測定
特性	測定対象ガスを容易に追加でき、パソコン接続により300以上のデータから想定外ガスの成分を特定可能

THREAT ID

対象	有毒化学剤(ガス)
性能	FT-IR 5000種以上を識別
特性	測定時間が速く、器材校正が自動化で正確。日本語表示で、器材洗浄等メンテナンスが容易

PROTECTIR

対象	有毒化学剤(液体・固体)
性能	20,000種を識別
特性	FT-IRに１回反射ダイヤモンドATRセンサーを搭載し、測定精度が向上

MX908

対象	有毒化学剤(ガス)
性能	ppbレベルの検知能力
特性	質量分析法により極低濃度のガス、及び拭き取りによる極微量の液体及び粉体の分析が可能

TORION T-9

対象	有毒化学剤(ガス)
性能	ppbレベルを正確に識別
特性	GC/MS方式により、微量のサンプルを正確に分析が可能。電源ONから使用可能時間、及び分析時間が短い

GRIFFIN G510

対象	有毒化学剤(ガス)
性能	ppbレベルを正確に識別
特性	GC/MS方式により、微量のサンプルを正確に分析可能。様々な導入方式が選択でき、液体、固体にも対応可能

検知機器ガイド　Guide for Detection Equipment

True Defender FTX

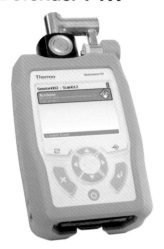

対象	有毒化学剤(液体・固体)
性能	10,000以上を識別
特性	FT-IRにより対象物質を特定し、混合物でも識別が可能

First Defender RM

対象	有毒化学剤(液体・固体)
性能	11,000以上を識別
特性	ラマン分光分析によりガラスやビニール内の物質も識別可能で、麻薬、爆薬等にも対応

Gemimi

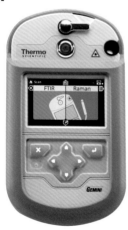

対象	有毒化学剤(液体・固体)
性能	11,000種以上を識別
特性	FT-IRとラマンを一体化し双方の利点を活用。対象をいずれで測定すべきか器材が判断し、操作手順を画面表示

HazMatID Elite

対象	有毒化学剤(液体・固体)
性能	10,000種を識別
特性	FT-IR方式。サンプルに触接接触させるセンサーを搭載し、測定時に発生する誤操作を防止

Pendar X10

対象	有毒化学剤(液体・固体)
性能	2m離れた距離で識別
特性	ラマンレーザーを使用し30cm〜2mの距離で、ガラスやビニール内の化学物質の識別が可能

PORTHOS

対象	有毒化学剤(ガス)
性能	100m〜5kmを探知
特性	自然光の赤外線を利用し、最大5km以内の化学剤雲の探知が可能。定点マッピング及び車載して可搬運用も可能

SECOND SIGHT

対象	有毒化学剤(ガス)
性能	2m〜5kmで探知
特性	自然光の赤外線を利用し、最大5km以内の化学剤雲の探知が可能。広い視野角により、剤雲を形状で表示

iMCAD

対象	有毒化学剤(ガス)
性能	半径5km内を探知
特性	自然光の赤外線を利用し、最大5km以内の化学剤雲の探知が可能。剤雲をマッピングして地図上に表示

放射線検知器

B20J

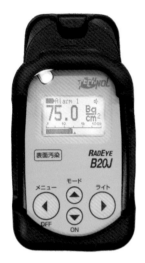

対象	β線、γ線（表面汚染）
性能	0〜60万cpm
特性	表面に付着した放射性物質を低濃度から測定可能

PRD-ER4J

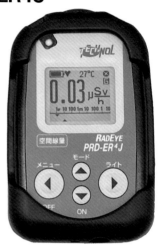

対象	γ線、X線（空間線量）
性能	0.01μSv/h〜10Sv/h
特性	小型・軽量で、バックグラウンドレベルの低線量から高線量まで1台で測定可能

SPRDJ

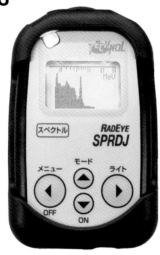

対象	γ線（核種同定）
性能	0.01μSv/h〜250μSv/h
特性	空間線量を測定するとともに、γ線スペクトルを計測でき、核種の同定が可能

PM1704S

対象	γ線（核種同定）
性能	0.01μSv/h〜13Sv/h
特性	線量率(Sv/h)、汚染検査(cps)、核種同定が1台で対応可能

PM1401K3-S

対象	α、β、γ、中性子
性能	0.01μSv/h～100mSv/h
特性	全ての放射線を1台で対応可能。空間線量及び表面汚染の測定、核種同定も可能

AccuRad PRD

対象	γ線、X線（個人線量）
性能	0,01μSv～10Sv
特性	線量率の測定が可能で、測定履歴も記録可能。線源が存在する方向の常時が可能

TruDose G

対象	γ線、X線（個人線量）
性能	1μSv～10Sv
特性	設定したしきい値を超える個人被ばくがあると警報を発令可能。防塵、防水、耐衝撃性能により堅牢性も高い

PDM-222VC

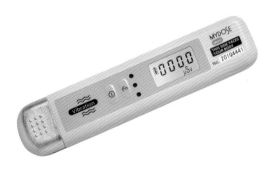

対象	γ線、X線（個人線量）
性能	1μSv～10Sv
特性	設定したしきい値を超える個人被ばくがあると警報を発令可能

生物剤検知器

RAID-8

対象	生物剤（対象8剤種）
性能	対象生物剤を同定
特性	抗原抗体反応により、サンプリングした生物剤を8剤種同時に速やかに判定

マルトチテストストリップス

対象	生物剤（対象8剤種）
性能	対象生物剤を同定
特性	毒素用とバクテリア用に分かれており、それぞれ4剤種同時に速やかに判定

ANCAM6100

対象	生物剤
性能	測定キットの高感度判定
特性	測定キットにより反応した結果を高感度に判定する

BioHawk LF

対象	生物剤
性能	サンプリング及び同定
特性	生体由来の粒子をサンプリングし警報を発すると共に、抗原抗体チケットに自動滴下し同定

TacBio

対象	生物剤粒子の捕集
性能	生体粒子の判定・警報
特性	0.7〜10μmの生体由来粒子を検知し警報を発令し、自動的にサンプリングが可能

Fido B2

対象	生物剤粒子の捕集
性能	生体粒子の判定・警報
特性	0.7〜10μmの生体由来粒子を検知し警報を発令し、自動的にサンプリング。連続運転でのモニタリングが可能

Smart Bio Senser

対象	生物剤の有無を検知
性能	生物剤の判定、警報
特性	8つのセンサーにより、細菌、芽胞、ウイルス、毒素を正確に分類して判定し、警報を発令。消耗品が少ない

T-COR 8

対象	生物剤
性能	主要な生物剤を同定
特性	リアルタイムPCR法により、8検体を同時に約45分で同定が可能。8つのウェルを別々に運用する事も可能

一般ガス検知器

マルチガスモニタGX-2012

対象	一般ガス
性能	ppmレベルで6種同時
特性	酸欠や危険な硫化水素、一酸化炭素の他、可燃性ガスを同時に検知し、警報を発令

GX-3R Pro

対象	一般ガス
性能	ppmレベルで6種同時
特性	対象ガスを同時に検知し、警報を発令。Bluetoothを使用し離隔位置で状況把握が可能

Drager X-am 8000

対象	多成分ガス
性能	ppmオーダー
特性	7成分のガスを同時に測定可能。測定結果はBluetoothで送信可能。耐衝撃性あり

ALTAIR 5X

対象	多成分ガス
性能	ppmレベルで6種同時
特性	VOCや酸欠や危険な硫化水素、一酸化炭素の他、可燃性ガスを同時に検知し、警報を発令

各種検知器を使用した検知結果
情報提供：千葉市消防局

【M8化学剤検知紙】

本検証で使用した擬剤3種それぞれの検知紙反応は下記

化学剤検知紙
比較

化学剤検知紙
サリチル酸メチル

化学剤検知紙
マロン酸ジエチル

化学剤検知紙
ジメチルスルホキシド

【LCD3.3】

サリチル酸メチル
測定結果
【HD】

マロン酸ジエチル
測定結果
【GA】

ジメチルスルホキシド
測定結果
【GB】

※参考

汗拭きシート液
測定結果
【L】

※マロン酸ジエチルは「GB」ジメチルスルホキシドは「V剤」と検知すると思われる偽剤であるが、IMS検知器の特性によるものと考えられる。

【ケミプロ100】

サリチル酸メチル
測定結果
【ChemicalHazard】

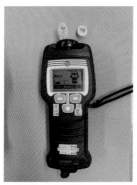

マロン酸ジエチル
測定結果
【Nerve】

ジメチルスルホキシド
測定結果
【Nerve】

※サリチル酸メチルは「Blister」と思われるが、IMS検知器の特性によるものと考えられる。

【ハズマットIDエリート】

サリチル酸メチル
同定画面およびスペクトル

 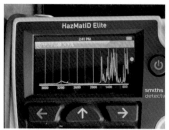

ジメチルスルホキシド
同定画面およびスペクトル

マロン酸ジエチル
同定画面およびスペクトル

【リゾルブラマン】

サリチル酸メチル
同定画面およびスペクトル

 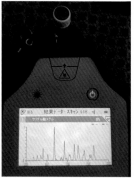

 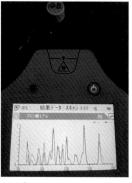  

マロン酸ジエチル〔マロン酸エチル〕
同定画面およびスペクトル

ジメチルスルホキシド
同定画面およびスペクトル

第 7 章

実施例
【千葉市消防局の
CBRNE訓練体制】

― 協力：千葉市消防局　花見川消防署 ―

千葉市花見川消防署
CBRNE訓練体制について

花見川消防署におけるCBRNE災害訓練体系

部隊訓練
下記項目を１部隊のみで行う。
- ・CBRNE 座学教養
- ・各種手技の各個訓練
- ・小規模想定実動訓練

▼

所属内連携訓練
下記項目を同一所属内の複数部隊にて行う。
- ・各種連携活動手技の確認
- ・連携活動を中心とした図上訓練
- ・中規模想定実動訓練

▼

CBRNE 災害総合訓練
下記項目を複数所属の部隊が集合し行う。
- ・大規模想定実動訓練
- ・想定訓練を踏まえた意見交換

その他のフォローアップ

各種動画資料
所属職員が閲覧可能な
CBRNE 各種手技の動画資料の共有

各教育機関等への派遣
各教育機関への講師派遣
各種セミナー等への参加

千葉連携訓練への参加
放射線医学研究所が主催する
CBRNE 研修会
県内および県外の消防、警察、
医師等が参加

部隊訓練【小規模想定実動訓練】

　年間を通じて各種訓練手技の習熟を図っており、個人スキルの向上および部隊内の共通認識を高める。

所属内連携訓練

　年間に同所属内の２部隊以上で（HZ活動部隊は他所属も参加）複数回実施し、連携活動の向上を図る。
　花見川消防署では特殊災害対応車隊や除染隊などの部隊が存在し、除染トリアージ等を主体に行う。

1 初動対応

主に防護服の着装要領、情報収集、環境測定の訓練を実施。

出動途上の車内での防護衣着装訓練　　専用パソコンおよび風向風速計立ち上げ

2 ゾーニング

初期進入統制ライン　進入準備

進入統制ラインから進入 / 資器材携行

建物進入前検知　扉上部

（この後、扉真ん中、扉
下部も同様に行う）

ホットゾーン (HZ) 設定 (屋外)

ホットゾーン設定 (屋内)

3　検知・分析

GX-6000で検知

LCDで検知

MX908

スワブに採集

スワブ転写

MX908　蒸気モジュールで分析

痕跡モジュールで分析

ケミプロで検知

リゾルブラマン　分析

ハズマットIDで分析

剤をスポイトで採集

ハズマットID　液滴分析

剤に直接当てる

4 救出

2階から1階屋外へ救出

「アルバックマット」搬送

要救助者をWZ隊へ引き渡し

拡散防止（風呂場：バケツ）

拡散防止（床）

*レベルA防護服での対応

5 拡散防止処置

漏洩防止キット

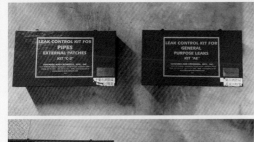

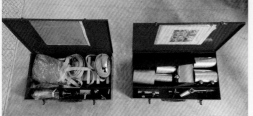

❶バルブ閉鎖

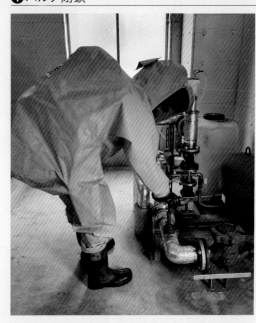

❷開口部の閉鎖確認

❸換気設備の停止確認

❹漏洩防止　床

❺配管漏洩防止

●配管の穴を塞ぐ　ボールプラグ

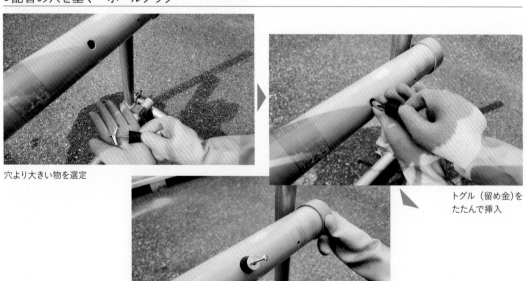

穴より大きい物を選定

トグル（留め金）を
たたんで挿入

ちょうナットを回して
ゴムを密着させる

＊レベルA防護服での対応

●配管の穴を塞ぐ　木製ウェッジ

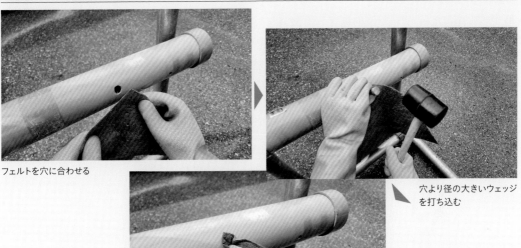

フェルトを穴に合わせる

穴より径の大きいウェッジ
を打ち込む

●大直径の穴を塞ぐ

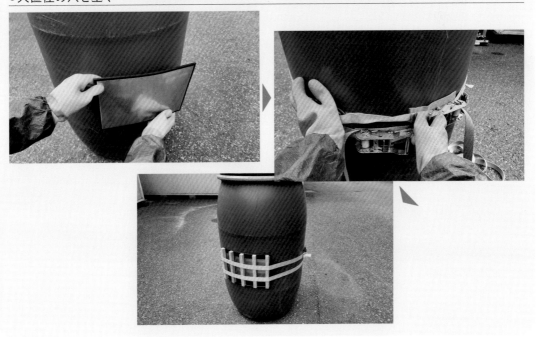

各種災害に応じたトリアージ法の選定・習熟
解毒剤自動注射器の使用判断

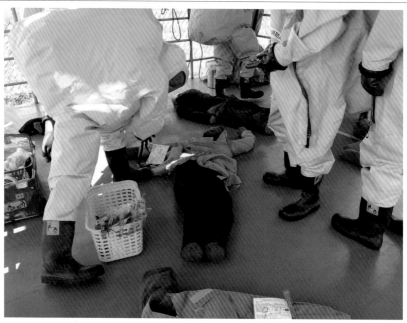

ナンバリング洗濯ばさみを右腕に装着（ナンバリングシート付き）

ナンバリングシートのチェック

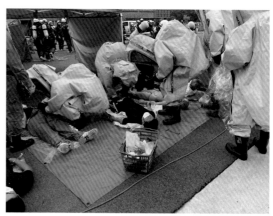

ホットゾーン活動隊による積極的な脱衣

7 脱衣・除染

即時（緊急）除染要領
（歩行不能者）

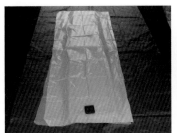

❶バックボードの上にビニールシート2枚を敷き、その上に要救助者を乗せる

❷傷者の頭部側に除染キットおよび検知器、足部側に取り除いた汚染物を密封する袋入り容器を配置する

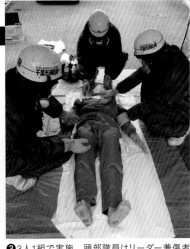

❸3人1組で実施。頭部隊員はリーダー兼傷者の状態判断を行う。傷者から左側の隊員は上衣脱衣およびPH紙での汚染検査を行う。傷者から右側の隊員は下衣脱衣および検知器での汚染検査を行う

❹傷者右側の隊員は靴底を触らないように、靴を離脱させる

❺傷者の意識状態を確認し、パルスオキシメーター、マスクを装着する

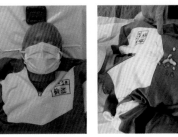

❻傷者の汚染部位を目視にて確認する

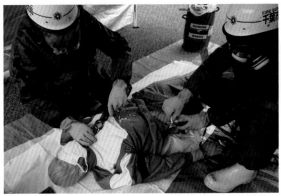

❼傷者右の隊員は上衣脱衣、左側の隊員は下衣脱衣をSカットを使用し行う

衣服切断参考例

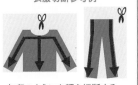

矢印のように衣類を切断する。Sカットを使用

衣服巻取り参考例

内側から衣類・汚染物質・ビニールシートの順

ビニールシートごと衣類を巻き取ることで、二次汚染のリスクを最小限にすることができる

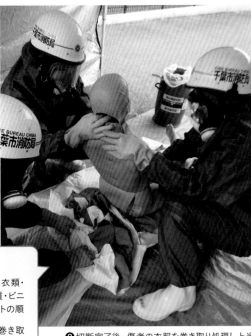

❽切断完了後、傷者の衣服を巻き取り処理し上半身を起こす。脱衣した衣服と上から1枚目のビニールシートを足側に向かって腰付近まで巻き取る

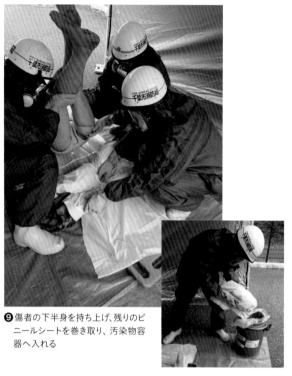

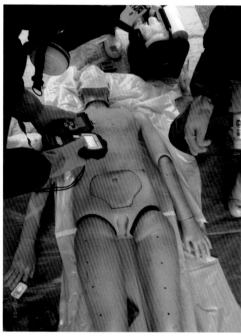

❾傷者の下半身を持ち上げ、残りのビニールシートを巻き取り、汚染物容器へ入れる

❿左右の隊員により汚染検査を行う。傷者の頭から足まで(口腔内含む)検査する。PH紙の検査は脱衣時に汚染が確認された場所のみ実施する

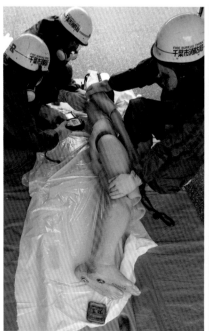

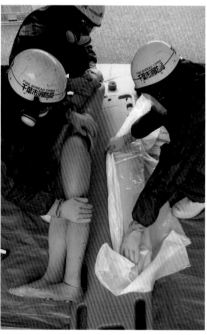

⓫傷者の膝を折り曲げ、膝を側方に倒し、体位変換させる。背部の汚染を確認すると共に、ビニールシートごと巻き取る。反対にも体位変換しビニールシートを抜き取り、汚染容器へ入れる

⓬汚染検査後、毛布をかけ、二人吊り上げ搬送法にて搬送する

効果的な除染要領例（乾的除染、部分的な水的除染、除染と並行した救急処置）

❶目に見える汚染がある場合（汚染は青インクで表示）

❷目に見える汚染を最優先に除去する。汚染部位を切り取れる場合は切り取る

❸衣類の下にも浸透し、傷者の肌にも汚染がある場合には、ガーゼ等を準備する

❹目に見える汚染をシェービングフォームで表示

❺擦り込まないように、摘まむように除去する

❻タオル等を準備する

❼汚染部位の下に敷き、水をかけて洗浄する

❽新しいガーゼ等で拭き取る

❾タオル等の除去後、ビニールシートの汚染した部位は部分的に折り返す

❿救出活動に従事し、汚染があると思われる隊員が除染等に加わる場合には、手、胸を中心に自己除染を実施する

隊員除染

A→B　レベルダウン（再検索）

退出時の隊員除染（緊急除染所にて）

8 CBRNEクラウドシステム（情報共有ツール）

クラウド情報共有システムの習熟、
映像配信ツールの活用

❶iPadで指揮隊へ
活動状況を共有

❷クラウドシステム：
ZOOM

❸ZOOM：
コールドゾーンで受信

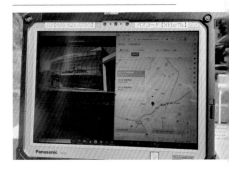

❹ZOOM：ホットゾーンで撮影

例）所属内連携訓練【中規模想定実動訓練/E災害】

❶ 進入準備　B＋防火衣着装

❷ 着装後、初期進入統制ラインから進入

❸爆傷トリアージ（SALT）　グローバルソート中

❹爆傷トリアージ（SALT）後、搬送

❺爆傷トリアージ（SALT）　個別評価

❻搬送要領　台車を使用した長距離搬送

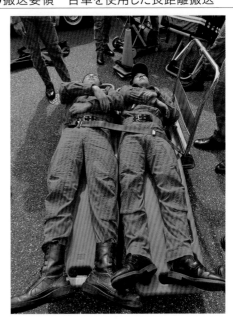

❼ 要救助者搬送・処置

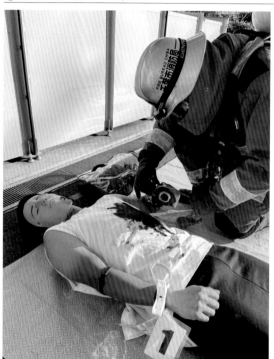

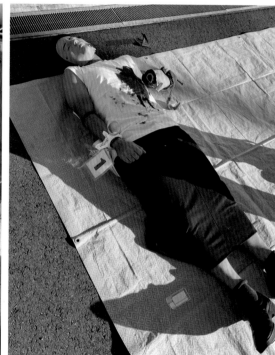

ターニケットによる止血処置完了

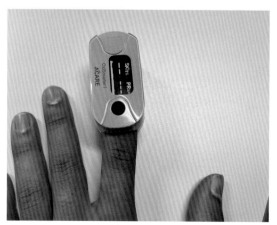

パルスオキシメーターによる循環確認

座学訓練では、集団座学を経て図上訓練を実施

第8章

検知に関する
FAQ

Q1 除染が完了したかは、検知器で確認できるか？

A 想定される場面は、意識のない患者の除染を、ローラーベルト上において4人がかりでハンドシャワーを使って除染する際である。背中側を向けたり、ひっくり返したりして入念に洗った後に、これで汚染はもうないと誰が、どうやって決断するかという話である。消防職員からの質問の他、DMATのNBC研修のメインである病院前除染の一場面でも、同様の質問が出ていた。現場にいた、某病院の医師や看護師、管理スタッフなども真剣な顔で、それが知りたいという表情だった。

もし、これがマスタードによる汚染であるならば、液状の汚染に触れていなくても、濃いガスの中で行動していれば、わきの下や会陰部など、汗をかきやすいところに汚染が溜まっているリスクは大きい。それを、例えば検知紙でふき取りをしてみて赤く変色するようなら、その除染は完了していないことになるだろう。また、LCD3.3のような検知器で反応が出たとしても、除染活動の信頼性が失われる。現実に、数百人、数千人をテントの中で除染した際には、密閉されたテント内は、マスタードの場合、濃度がIDLH（脱出限界濃度）を超えてくる場合があるので注意せよと

言われている。テント内に検知器を準備しておいた方が安全である。

仮に、除染後の患者にLCD3.3を近づけてみて、警報が鳴ったという場面を考えてみよ

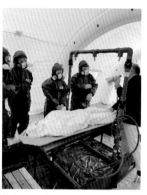

筆者撮影（つくばDMAT研修にて）

う。そして、それが患者から出てきたガスなのか、それとも除染所の入口に集まって早く除染をしてくれと叫んでいる群衆の衣服から流れてきた微量のガスを検知したものか、判断できるだろうか？

このように、除染完了の判断は簡単ではない。除染対象は患者ではなかったが、地下鉄サリン事件の際には、陸自化学科幹部の何名かが防護マスクをずらして空気を吸ってみて、自分に神経剤の症状が出てくるかどうかで判断したことが知られている。信頼できる検知器が現場になかったためになされた窮余の一策であった。今なら、LCD3.3かAP2Cを使うだろう。

汚染がノビチョクやVXならどうだろうか？ハンドシャワーで水洗しても、英国ソールズベリーで暗殺未遂にあった元ロシアスパイのスクリパリ氏とその娘さんのユリアさんは、皮膚の下にノビチョクが残っていたことが知られている。そうなると、除染完了の判断と

いうのはさらに複雑になる。

　ドイツ、フューチャーテック社の人員除染システムの動画を見ていると、除染完了の判定を放射線のサーベイメーターで実施している場面が出てくる。このように、汚染がセシウムのような非密封放射線源であるような場合には、比較的簡単に汚染の有無を判断できるだろう。

　ただ、セシウムは極めて反応性が高く、人間の皮膚と一体化してしまえば簡単には除染できない。実際に、福島原発事故の際に3号機の水素爆発に巻き込まれて、ようやく大熊町のオフサイトセンターまで後退してきた岩熊1佐(当時)以下の6名のチームは、中特防(＝陸自中央特殊武器防護隊)による除染所での除染を受けた。しかし、何回か除染を繰り返したものの、同1佐は、どうしても皮膚のセシウム汚染を完全に除去することはできなかったという。ただ、皮膚は新陳代謝により交換されるので問題はなかったという。

　ちなみに、実際に消防関係者から出てきた関連質問には以下のようなものがあった。

追加：検知紙ならどうか？
「隊員の除染後の検知について、検知紙で頭部〜手〜足裏等を順に拭取っているが、これで、どうして除染が完了したと判断できるのですか？」

　この質問に関する専門家H氏とI氏の回答は次のものである。

H：検知紙で拭って、まだ反応があるような除染では除染が完了していないということになるが、いずれにしても除染後の検知はとても難しいものである。(検知器がない現場では)検知紙で拭い取る方法しか、やりようはないかと思う。

I：除染後の検知紙による検知であるが、どのような除染かにより違いがある。
①水だけで除染した場合：汚染物質が残っていれば検知紙による検知は可能。
②除染剤を使用した場合：除染剤による色の変化が発生するので正しく検知することは困難となる。除染剤を使用した場合は、ムラなく除染剤が塗布されていることを目視で確認することが現実的と思う。

　検知する場所は、汚染物質が付着した可能性がある場所を重点的に確認することが重要で、事案が発生した後に現場に入る場合、頭部が汚染されることは少なく、靴の裏、手、肘や膝から先の部分等、汚染の可能性が高い箇所を重点的に検知するよう心がけることが必要である。

　除染が必要なのは持久性の有毒化学剤で、神経剤、びらん剤等が挙げられるが、これらは検知紙で除染ができたかどうかを確認することができる。この他の化学物質にも変色す

るものも変色しないものもあるが、持久性があるため付着したままだと危険な物質については、検知できると認識していて問題はない。

Q2 誤検知が起こった場合に、誤検知だと証明できるのか？

A ある消防士から「異臭や救急搬送される患者が発生しているにも関わらず、原因物質を検知できないことが多く、活動終了の判断が難しい。また、屋外での検知活動は物質の揮発・拡散により非常に難しい。さらに、誤検知が起こった場合に、誤検知を証明することが難しい。このような場合にどのように対応すべきか、具体例をあげて説明してほしい」という依頼があった。

ここでは、2023年4月に実際に事件となった、大分市の異臭騒ぎを例として説明する。

[4月19日、大分県大分市にて、異臭により約130人が体調不良を訴え、1人が病院へ搬送された事件が発生した。消防と警察の情報によると、19日の午後3時頃、「涙が止まらない」「刺激臭・異臭がする」との通報が複数寄せられた。この通報に関連して、約130人の住民や近隣の会社の従業員が体調不良を訴え、1人が病院に搬送されたが、重篤な状態の者は確認されていない。異臭の原因については現在も不明で、しかし、消防の調査によりメタン系の可燃性ガスが検出されたとされる。

また、別の情報源によれば、現場付近での空気調査で有機リン系の成分の反応が示されている。警察は一時、異臭の発生と疑われる地点の半径200ｍを立ち入り禁止区域とし、同日の午後6時にその指示を解除した。]

私が報道機関からの取材を受けた際、メタンだけでこんなに多くの人々が体調を崩すのかという疑問を持った。実際、報道記者からも、メタンが自然に地層から発生する可能性について質問された。北極圏の沼地で大量のメタンが湧出する場所も存在するが、大分市でそのような事象が起こるとは考えにくい。

有機リンに関しても、もし神経剤が関与していれば、このような被害にとどまらないはずだ。臭いもない。目にレモン汁を絞って入れられたような感じというのは、かなりの刺激性のガスである。

臨海地区という地域の特性から、周辺の化学工場から何らかの原因で刺激性のガスが流出した可能性が高いと考えられる。しかし、時間が経過し待機中に拡散した後のガスの検

知は非常に困難である。

　有機リンの反応が出たというのをどう考えるべきだろうか？まず、現場でどのような検知器を使用したのかを知る必要がある。検知器の偽陽性の可能性があるが、単なる誤報というよりもクロス・センシティビティとして、当然の結果であるとみるべきであろう。大規模な事件の前には、潜在的な誤報をリストアップして事前に対策を立てるのが通常の手法である。

　ちなみに、環境省の公式サイトでは、この地区で排出されているガスに関する情報を部分的に確認することができる。詳細は「PRTRインフォメーション広場：特定化学物質の移動データ」を参照されたい。
https://www2.env.go.jp/chemi/prtr/risko.html

Q3 剤の推定はできるが、特定までには至らない資器材で検知した場合、その後の活動にどう生かすかが難しい。

A 確かにそのとおりである。だが、検知して神経剤と出たら、それは神経剤かどうかをまず判定すべきである。なぜなら、求められる対応スピードが違うし、神経剤なら拮抗薬があるからである。検知では、まず神経剤かどうかを判断する。これはイスラエ

ルのファーストレスポンダーも採用している考え方である。また、それが、除染が必要な化学剤かどうかもポイントになる。マスタードやVX、TGDは除染が必要になってくる。

Q4 測定原理が異なる複数の測定器にて検知を行っているが、分析装置の結果を正しく評価するだけの化学的知識は隊員個々に差があるのが実情である。

　また実災害の経験を積めるほどの災害件数がないことや、訓練では本当に危険性がある剤を取り扱う環境を作ることができないことから、測定結果について、分析および検証するための知識と技術を養うことが難しいが、打開策はあるのか？

A 問題意識は非常に理解できるし、このレベルの問題意識を持つこと自体に敬意を表す。例えば米国では、消防を含むファーストレスポンダーたちに、陸軍の旧化学学校施設を使用して、サリンやマスタード、VXといった実剤を用いた訓練が提供されている。それはアラバマ州アニストンのCDP等。欧州ではオランダにHotzone Solutions社が存在し、チェコ国内の実剤訓練場を使用して各国の消防士に同様の訓練を提供している。我が国では、柏市の科警研で基本的な実剤検知の

経験が可能である。

　我が国で同様の訓練環境を整える場合、大宮の陸自化学学校の活用が考えられるだろう。ただし、現在そのような任務、体制、設備は存在していないのが現状である。

Q5 ドローンをCBRN検知にどう使えばよいか？

Ａこの質問は、全国の消防関係者だけでなく、警察や陸自関係者からもよく聞かれるものである。まず、このトピックに関する意外な見解から紹介したい。

携行型の検知器をドローンに載せるのは間違い？

　米国のドローンインストラクターM氏は、政府系の訓練機関で長く勤務している。彼は明確に言っている。「**通常の化学剤検知器をドローンに積むのは大きな誤解である**」

　彼の考えは理解できる。彼は、「10mのホースをドローンに繋いでホバリングさせ、その先からサンプルの空気を採取すれば有効かもしれない」と提案している。検知器の原理に関係なく、ダウンウォッシュの影響が考慮されるべきで、正確な情報が得られなければドローンにセンサーを積む意味はないだろう。ドローンは通常、速度が100㎞/hで飛行し、

どこを検知したのかが不明瞭になり得る。

　しかし、FLIRのCBRN検知ドローン、MUVEC360は長いプローブを斜め上に伸ばしてサンプリングする構造となっている。この方法でダウンウォッシュの影響を完全に排除できるかどうかは専門家の間で意見が分かれている。

[リンク] https://www.youtube.com/watch?v=ew5VvpDlvwg

　一方、通常の携帯型化学剤検知器は十分に有効ではないとされるが、フィンランド製のChemProXはドローンを使った化学剤検知のデモンストレーションを行っている。検知器の設計思想の違いが影響しているかもしれない。米国では、ドローンの役割として、視覚ツールとしての利用やホットゾーンへの機材の運搬の2つの主要な用途がある。これは一般的な市場ニーズとも一致するだろう。

眼としての活用

　フロリダの南マナティ消防やその他の米国の消防団体では、ドローンを使用して全体の様子を俯瞰することが主流である（5章参照）。京都府では、マイクロドローンを眼としての用途に使用する試みも行われている。以前、200g未満のドローンは許可が不要であったため、多くの関係者が自作して使用していた。2019年の防災訓練の動画では、マイクロドローンをFPV（First Person View）で操作し、

ビル内の要救助者を探している。この方法は化学テロ時のホットゾーン内での捜索救助にも利用できるであろう。さらに、ドローンの表面を検査することで、化学物質の同定も可能とされる。

Q6 ノビチョクに関する判断と検知方法について教えてもらいたい。特に、検知器を所有していない場合、どのように行動すればよいのか？

A ノビチョクの検知は、検知器を保有している組織や機関であっても困難である。これまでの英国での事例、すなわちソールズベリーでのスクリパリ親子の事件、エイムズベリーのカップルの事件、およびロシアのナワリヌイ氏の事件を考えると、これらのケースでは病院に搬送されてからの生体サンプル等の分析を通じて、原因がノビチョクである可能性が浮上したことが分かる。

したがって、ノビチョクの存在が疑われる事例に遭遇した場合は、速やかに専門機関、例えば日本中毒情報センターなどに連絡することを推奨する。

検知の方法としては、ノビチョクは神経剤の一つであるため、まずはAP4CやAP2Cのようなフレームフォトメトリー原理を基にした検知器で検査を行う。これらの検知器は、極微量のサンプルからも検出が可能。さらに、MX908のような質量分析器を使用して、A234などの第4世代の化学剤であるかの同定を行うことが推奨される。この方法に関する詳細は、以下の図に示されている。

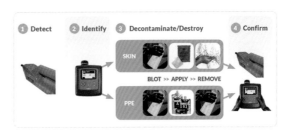

（Christina M. Baxter, Ph.D., Emergency Response TIPS, LLC提供）

さらに、皮膚除染にしても、PPEの除染にしても、RSDLなどを水洗した後に、さらに排液中にノビチョクの残渣が残ってないか、もう一度検知してみる必要がある。それほど、極微量でもノビチョクは毒性が強いし、水に溶けないという特性がある。

Q7 2023年7月上旬、ウクライナで化学兵器が使われたという話は本当なのか？（検知の観点から）

A ウクライナでルイサイトが使用されたという話が世界を駆け巡ったのは事実である。だが、それが信頼に足るものではなかった経緯がある。

2023年7月初旬、ロシアがドネツク州バフムトのウクライナ軍に対してルイサイトを使用した可能性があるとの情報が世界に広がった。私自身も、真実かどうか注目していた。ウクライナ国防軍のスポークスマン、オレクシー・ドミトラシキフスキー大佐は、2023年7月4日にソーシャルメディアにビデオを投稿し、バフムト近郊でのロシアからの砲撃後、兵士が吐き気、嘔吐、意識喪失などの症状を示したと述べた。このビデオでは、ドミトラシキフスキー大佐は「砲撃の際、彼らはルイサイトと呼ばれる化学兵器を使用した」と明言している。このメッセージはソーシャルメディアで広く話題となったが、この主張はま

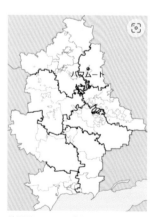

地図はWikipediaより

だ検証されていない。ビデオを投稿した時点で、大佐自身は、使用された化学剤としてのルイサイトの検知・識別が暫定的なものであり、ウクライナの化学兵器専門家はまだ調査中である。

主要な報道機関はこの件を報告しておらず、反応は懐疑的である。多くのツイートがルイサイトの特有な症状に関する情報と事実確認を求めている。一部のソーシャルメディアの投稿では、砲撃から出た緑色の煙が化学兵器（CW）使用の証拠であると誤って主張しているものもある。

「なぜルイサイト？」という疑問が私にはあった。ルイサイトは、マスタード剤とともに代表的なびらん剤であり、過去の戦場で頻繁に使用された例は少ない。皮膚への接触が非常に痛いという話は、僅かな量を試した研究者からも伝えられている。旧帝国陸軍は、H&L（マスタード・ルイサイトの混合物）を準備していた。マスタードだけでは14℃で凝固し、また、マスタードだけでは皮膚への接触感を感じない。マスタードの欠点を補うためだったと推測される。ルイサイトの融点は0.1℃である。

ルイサイトは、ゼラニウムのような特有の臭いがすると言われている。陸上自衛隊の化学学校で、若い学生たちに「ゼラニウム臭」といっても、誰も理解できない状況から、私

はこのゼラニウムをベランダの鉢植えで育てている。にもかかわらず、この臭いや症状に関する話は出ておらず、皮膚の激しい痛みに関する話も報告されていない。

筆者撮影。

この情報は、果たして偽情報、誤情報、あるいは真実なのであろうか。大佐自身も、ルイサイトではなかったかもしれないと考えているのではないであろうか。では、なぜ大佐が一時的にでもルイサイトを疑ったのであろうか。現場で使われている検知器がどのようなもので、測定値がどの程度だったのか、その情報も得られていない。

ここで考えられる可能性としては、ロシアの通常砲弾がウクライナ軍のハイテク兵器を破壊し、その中に微量ながら含まれているヒ素（As）が拡散したというストーリーである。このヒ素はルイサイトに含まれる特徴的な元素である（下の構造式を参照）。一方、ヒ素

はシリコンチップを使用する多くのコンピュータ構成品にも使用されている。

例えば、酸性物質が回路基板、半導体、LCDディスプレイ、マイクロチップなどに接触すると、少量の気相ヒ素化合物が空気中に放出され、それが検知器によってルイサイトと判定される可能性がある。バフムト周辺の激戦地において、ウクライナ部隊の専門家がこれを検知し、誤ってルイサイトと結論づけることは、誰も責めることはできないだろう。

しかしそれも一つの可能性に過ぎないかもしれない。ロシアがとても古い化学砲弾を取り出して使ったのかもしれないという見方も、もちろん存在する。ロシアの弾薬庫で長い間眠っていた古いルイサイト砲弾が、今、ウクライナで使用されている可能性も否定できない。それはOPCWの査察をくぐり抜け、隠されていたのかもしれない。

ただ、その可能性は非常に低いとも言える。びらん剤であるルイサイトは水ぶくれや水疱を特徴的な症状とする。ところが、被曝した兵士についての水疱に関する言及はない。また、犠牲者が何人いるかという情報も明らかにされていない。報告されている症状は、戦闘ストレスを含むさまざまなものに起因する可能性も考えられる。

なお、本件について報道しているのは主流メディアではない。2023年8月末現在で、ソーシャルメディアや限られたローカルメディ

ア、ギリシャのオンラインニュースサイトなど、小規模なニュースソースだけで情報が伝えられている。参考までに、いくつかのレポートと投稿へのリンクを以下に示しておく。

https://www.kyivpost.com/post/19108
https://twitter.com/NOELreports/
status/1676489122637119489
https://www.dailykos.com/
stories/2023/7/4/2179153/-More-Russian-
ecocide-plus-Ukraine-says-Russia-is-using-
chemical-weapons-at-Bakhmut

写真は第3特殊武器防護隊サイトより

Q8 検知原理として、似たようなイメージがある光イオン化検出器（PID）と火炎イオン化検出器（FID）の違いは何か？

A PIDとFIDはどちらも高感度で低濃度のガスや蒸気を即時に検知する点で類似している。これらは多種多様なガス、主に揮発性有機化合物（VOC）の存在を検知するために使用される。しかし、その機能と利用法には重要な違いがあり、これらの差異を理解しておくことが大切である。

FID：

FIDはPIDに比べて、一般的に大きくて重い傾向がある。これは、水素空気炎を使用してサンプルガスをイオン化し、その濃度を測定するためである。この装置はサンプルを破壊するので、非破壊のPIDとは異なり、その後の分析には使用できない。

FIDは一般的に湿度の影響を受けず、湿度が高い環境（例：日本）ではPIDよりも優れた選択肢となることがある。有機蒸気とガス、さらにはいくつかの無機ガスも測定可能だ。しかしながら、水素炎が消える可能性があり、水素ボンベを定期的に補充する必要がある。これがコストがかかる理由であり、一部の場面ではPIDよりも信頼性が低いと考えられている。

FIDは官能基よりも炭素鎖の長さに反応しやすいため、PIDとは異なる結果が得られることもある。また、天然ガスの主成分であるメタンで頻繁に校正されるため、天然ガスの測定にも適している。

PID：

PIDは、多くの有機化合物を検知・識別す

るために使用される携帯型の蒸気・ガス検知器である。この装置には、化合物が吸収し、光子を放出させるための紫外線ランプをイオン化チャンバー内に含んでいる。PIDはほぼ即座に結果を出すことができ、迅速かつ簡便な判定が可能。

メンテナンス（クリーニング）が必要だが、通常、信頼性が高く、コストパフォーマンスに優れ、耐久性がある。

FIDと同様に、PIDも有機蒸気とガス、そしていくつかの無機ガスを測定することができる。ただし、PIDの欠点として、メタンを検出できないこと、湿度が非常に高い状況下で誤検知する可能性があることが挙げられる。米国で広く使用されているMiniRAE 3000などの最新のPIDには湿度補償が組み込まれている。センサーを清潔で乾燥した状態に保ち、入口にクリーンなフィルターを使用することも重要である。

る疑問や、他の検知原理の検知器（例えばIMSのLCD3.3）がこの手法で実際に使用可能かについて、疑問が提出されている。また、化学テロなどの状況では、そもそも「汚染地域」という概念が存在するかどうかも不確かである。サリンなどの揮発性の高い神経剤は、水と同様のスピードで蒸発する。一方、VXは冬季にほぼ揮発せず、そのままの状態で蒸気を検知することは不可能である。加熱のためのアダプターが必要となる。

検知原理から見ると、LCD3.3の場合、濃度勾配を部隊運用にまでつなげ、すなわち汚染地域がどこにあるかといった判断に至ることは極めて理想的な条件時と言えるだろう。濃度範囲としては0.04㎎/m³から数十㎎/m³程度までとなる。また、風速や風向が激しく変化している場合、濃度勾配という概念自体が成り立たないことは明白だ。

Q9 「濃度勾配」は現場で実際に使えるか？

A 陸自化学科はAP2Cを装備しており、長らく汚染地域の前縁および後縁を判定し、除染対象地域を明らかにするためにこの濃度勾配を利用してきた。ただし、どんな強風の中でもこの手法を用いることに対す

Q10 バイオセンサー（生物剤検知器）は、化学剤検知器と同じくらいに信頼できるのか？ また、潜伏期もあるのにリアルタイムに検知する必要が本当にあるのか？

A 「B ≠ C」

実は、バイオセンサーに対しては、あまりいい思い出がない。それは、かつて現

役の時代にバイオ関連の陸上自衛隊装備導入に際し、辛酸を舐めた経験から来ている。振り返えれば、私自身を含めて、当時はこの分野における知見が乏しかった、あるいは理解が浅かった。具体的には、これまで慣れ親しんだ化学センサーと同様の機能をバイオセンサーに期待してしまったことが、つまずきの一因であった。この点を踏まえ、消防も含めたCBRN関係者に向けてバイオセンサーの虚像と実像について書いておく。

　さまざまの国際会議や大規模イベントを控え、消防等で新たなバイオセンサーの購入が検討されることも予想される。これも視野に入れ、関係者の参考となるよう願う。

未成熟の技術

　生物剤の検知というのは実に複雑なものであり、CBRNセンサー技術の中でも成熟度が低い。野外で使えるバイオセンサーの選択肢は、化学や放射線のセンサーに比べてはるかに限定される。また、バイオの検知同定技術はリアルタイムではない。確かに、静かな実験室の中での細菌等を検知同定は容易だが、これを野外に応用するのは、現代技術でも難しい。

期待される役割

　化学剤の検知同定の場合と違って、バイオセンサーの野外での役割というのは極めて限定されてくる。この事実に関する共通理解というのが、我が国では広まっていないのかもしれない。例えば、オリンピックのような大規模イベントでは、バイオセンサーの役割が時系列で複数考えられる。

1 急に大気中の生物由来粒子数が増加するような生物テロの兆候をつかむこと
2 生物剤の可能性があるサンプルを分析すること
3 （問題なければ）生物テロの可能性を否定すること
4 （疑わしければ）生物テロの可能性を認定し、それを治療が有効な期間（時間）内に行うこと

バックグラウンドの問題

　バイオ検知を難しくしている要因の一つは環境のノイズを取り除いて僅かな生物剤のシグナルを取り出さねばならない点にある。このノイズには2種類ある。一つは、大気中の1～10μmの粒子、これには大気汚染粒子やチリ、埃の類があるだろう。もう一つは、生物学的なバックグラウンドである。我々は実際、膨大な数の（数十億？）の微生物に囲まれて生活している。生物兵器と無害の微生物を短時間で効率的に区別することは容易ではない。一度の突風で、生物由来とそうでない粒子が大量に検知器に押し寄せてくるのである。

誤報の問題

ざっくりと言えば、現在の技術では偽陽性false positiveはおろか、偽陰性false negativeも一定の範囲で許容せざるを得ない。実際に、米国の国土安全保障省の基準でも、極低レベルでの誤報率を許容している。もちろん、そのレベルについては各器材によって異なってくる。これはバイオ検知の宿命ともいえる。

野外検知の位置づけ：概定

これまでの説明から推察されるように、現場指揮官にとって、野外検知で得られる情報というのは、意思決定をするには必ずしも有効なものとはならない。全てのB野外検知は暫定的なもので、ラボでの分析の裏付けが必要との見方をする専門家も多い。オリンピックのような大規模なイベントにおいては、いずれサンプルをラボに送らなければならないならば、フィールドで検知する意味は何かといった議論が出てきてしまうだろう。この観点から、更なる技術的発展が望まれる。ただ、それがバイオテロではない（ようだ）という否定情報もまた、現場ではありがたいことも事実である。

基準はない

2013年4月に、ダブリンで開催されたCBRNE関連のシンポジウムでは、「バイオセンサーの試験評価のスタンダードについて」についての議論があった。この時気づいたのは、バイオセンサーに関する確立された試験評価基準は何もないということである。

したがって、ユーザーはメーカーのスペックを信じるしかない。その性能を自分でテストしようと思えば、莫大な予算が必要となる。まして、日本国内で炭疽菌等を使用してフィールドテストが出来る施設など存在しない。英国Dstlのような有名な機関で試験されているから大丈夫だろうと考えて購入したとしても、その後、試薬や消耗品に予想外のコストがかかることに驚くケースもある。また、炭疽菌の芽胞をサンプルとして使っていたつもりが、実際には菌体が相当混じっていたケースもあったと聞く。理想的な条件で試験されて出た性能が、フィールドでは全く発揮されないという可能性もある。

いずれにせよ、国内でのバイオに関するポテンシャルを上げておかないと、それが優れたバイオセンサーなのか、自分の考える用途に適合しているのかといった判断も難しいことだろう。そんなことを思いながら、後輩（実はこの教科書の共著者の岩熊真司先生）とギネスビールを飲んだ。現役時代の苦い経験を思い出しつつ…。

おわりに
─なぜ「検知の教科書」が必要なのか─

　浜田昌彦先生から「除染の教科書」に引き続き、「検知の教科書」の出版を計画しているが一緒にどうだ？　とのお誘いを頂いた。大変光栄に思うと同時に私の拙文が浜田先生のご期待に沿えるのかとの不安もあった。一方で、隔月誌「Ｊレスキュー」の2021年5月号から2023年5月号までの2年間にわたり13回シリーズで連載した「わかりやすいCBRN入門」検知器編をまとめて欲しいとのご意見も頂いていているところでもあり、天与の好機とありがたくお引き受けした。この「わかりやすいCBRN入門」検知器編は、有毒化学剤、放射性物質及び生物剤の各検知器を使用する際の注意点や検知原理について解説したもので、検知器の能力を最大限発揮し誤検知を極力避けるためにも、検知原理を知ることは不可欠であると考えている。

　過去13回の連載内容を見直し、最新情報を加えると共に、「教科書」として必要と思われる事項も追記し充実させたつもりである。CBRN対応にあたる諸兄に僅かながらでもお役に立てることを心より望んでいる。

　執筆にあたり最新の器材情報と写真の提供等ご協力頂いた、株式会社エス・ティジャパン　山本荘一郎氏、時田健一氏、帝国繊維株式会社　袖山真学氏、株式会社千代田テクノル　速水孝智氏、酒井昭宏氏、船元祐亮氏、双日エアロスペース株式会社　木瀬正英氏に深謝申し上げる。また、本書はイカロス出版の磯田美保編集長の企画力、叱咤激励なくしては実現することはなく、短時間にここまでまとめ上げ、出版に漕ぎつけたご功績に心より敬意を表すと共に、この機会を頂いたことに改めて深謝申し上げたい。

岩熊　真司

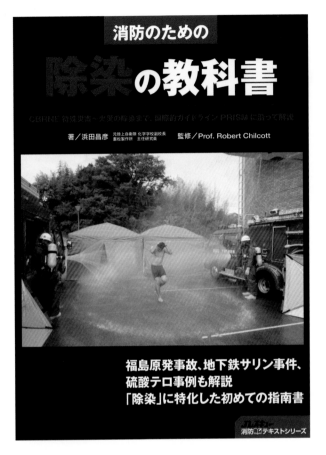

イカロス MOOK

消防のための除染の教科書

CBRNE特殊災害～火災の除染まで、国際的ガイドラインPRISMに沿って解説

浜田昌彦 著
Prof.Robert Chilcott 監修
B5判　176ページ
価格　2,750円（本体2,500円）

化学テロ災害時の除染プロセスは、この数年で大きく見直されています。専門の大学機関で研究し、除染のガイドラインを提唱したRobert Chilcott氏のPRISMについて、著者が分かりやすく補足解説し、現場で本当に有効な除染方法について、様々な視点から提唱しています。

[著者]
浜田昌彦

1956年山口県生まれ。広島大学(応用化学専門)卒業後、1980年陸上自衛隊入隊。化学科職種で約30年、化学兵器防護、放射線防護分野で活躍。この間、化学学校研究員、教官、教育部長、陸幕化学室長等を歴任。1999年から2002年までオランダ防衛駐在官兼OPCW日本代表団長代行。2013年に化学学校副校長を最後に退官。元陸将補。退官後は、重松製作所主任研究員、またCBRN防衛のアドバイザーとして、消防大学校(NBC災害科コース)、各県消防学校等、30カ所以上で講演、消防専門誌Jレスキュー、月刊消防等の各種専門誌において連載中。
著書に「最大の脅威CBRNに備えよ!」、監修「すぐに分かるCBRN事態対処Q&A「除染の教科書」(ともにイカロス出版)がある。

[著者]
岩熊　真司

1961年 埼玉県生まれ。1986年 防衛大学校を卒業後、1987年陸上自衛隊化学科職種の幹部自衛官として任官。1989年 防衛大学校理工学研究科に入校、特殊車両の研究に携わる。1998年 陸幕開発課 00式個人用防護装備の開発を担当。2008年 技術研究本部陸開5室長に就任、NBC偵察車の開発プロジェクトを担当。2010年 中央特殊武器防護隊長に就任、2011年 原子力災害派遣部隊長として派遣部隊を指揮、災害派遣終了後、スペインにおいてアストゥリアス皇太子賞を受賞。2012年 化学学校 教育部長、2014年 化学学校 副校長、2017年 退官。国立研究開発法人 量子科学技術研究開発機構　放射線医学研究所客員研究員

Jレスキュー消防📖テキストシリーズ

検知の教科書
CBRN事態対処の基礎知識

2023年12月20日発行

著	浜田　昌彦 岩熊　真司	装丁・デザイン	小林加代子(イカロス出版)
		表紙写真	広島市消防局提供
発行人	山手章弘	記事協力	千葉市消防局
発行所	イカロス出版株式会社 〒101-0051 東京都千代田区神田神保町1-105 電話　03-6837-4661(出版営業部) URL　https://www.ikaros.jp		
印刷所	図書印刷株式会社		

Printed in Japan